# LA POÉSIE DE LA RENAISSANCE

LA BIBLIOTHÈQUE DE POÉSIE FRANCE LOISIRS

SOUS LA DIRECTION DE
JEAN ORIZET

TOME 2

# *la poésie de la Renaissance*

# LA BIBLIOTHÈQUE DE POÉSIE FRANCE LOISIRS

*TOME 1*
LA POÉSIE MÉDIÉVALE

*TOME 2*
LA POÉSIE DE LA RENAISSANCE

*TOME 3*
LA POÉSIE BAROQUE

*TOME 4*
LA POÉSIE CLASSIQUE

*TOME 5*
LA POÉSIE ROMANTIQUE (1er VOLUME)

*TOME 6*
LA POÉSIE ROMANTIQUE (2e VOLUME)
VICTOR HUGO

*TOME 7*
LA POÉSIE PARNASSIENNE

*TOME 8*
LES GRANDS FONDATEURS DE LA POÉSIE MODERNE (1er VOLUME)

*TOME 9*
LES GRANDS FONDATEURS DE LA POÉSIE MODERNE (2e VOLUME)

*TOME 10*
LA POÉSIE SYMBOLISTE

*TOME 11*
LA POÉSIE MODERNISTE

*TOME 12*
LA POÉSIE SURRÉALISTE

*TOME 13*
LES EXPLORATEURS SOLITAIRES DU XXe SIÈCLE

*TOME 14*
LA POÉSIE POPULAIRE

*TOME 15*
LA POÉSIE CONTEMPORAINE DE LANGUE FRANÇAISE (1er VOLUME)

*TOME 16*
LA POÉSIE CONTEMPORAINE DE LANGUE FRANÇAISE (2e VOLUME)

# *la poésie*

## *de la*

# *Renaissance*

Texte établi et présenté
par
Alain Masson

FRANCE LOISIRS
123, boulevard de Grenelle – Paris

*Édition originale*



*ISBN : 2-7242-6177-1*

Jean Lemaire de Belges

Mellin de Saint-Gelais

Marguerite de Navarre – Antoine Heroet

Clément Marot – Maurice Scève – Nostradamus

Jacques Peletier du Mans – Pernette du Guillet

Pontus de Tyard – Joachim du Bellay

Louise Labé– Pierre de Ronsard – Rémy Belleau

Etienne de la Boétie – Jean-Antoine de Baïf

Étienne Jodelle

# *INTRODUCTION*

Depuis Michelet, nous aimons à nommer Renaissance cette période de notre histoire qui s'étend des guerres d'Italie aux guerres de Religion. Mais ce mot désigne aussi un style artistique et un événement intellectuel qui marquent les débuts des Temps modernes. Hélas ! La chronologie se trouve ainsi prise en défaut, puisque les premiers signes du *Rinascimento* italien ont précédé la fin du quatorzième siècle. Pétrarque naquit cent vingt ans avant Ronsard, qui devance d'une trentaine d'années sir Philip Sidney et Edmund Spenser. Prince de la Renaissance florentine, Laurent de Médicis est mort depuis deux ans quand François 1er voit le jour.

A ce compte mieux vaudrait définir la Renaissance par ce qui fut son programme : la restauration des langues anciennes, dans une syntaxe élégante et un usage concret, très éloigné du fonctionnement utilitaire de cet espéranto médiéval qu'était devenu le latin ; la restitution des grands textes classiques ; la redécouverte d'une philosophie méditative, engagée dans le dialogue et capable de suggestions et d'allégories, rompant avec l'exercice exact des questions et des réponses que pratiquait la scolastique, et libérée du souci de se conformer à une doctrine d'école ; la définition de méthodes propres à favoriser le développement du discours, l'écriture du poème, le commerce des savants et l'éducation des enfants. Cette première partie, exécutée en latin par ceux que nous appelons les humanistes, maintenait en Europe une magnifique continuité intellectuelle ; elle se doublait de la volonté d'illustrer les langues nationales : en traduisant, en imitant les auteurs grecs ou latins, on prétendait hausser les idiomes modernes à un nouveau classicisme, mais aussi restaurer le prestige et l'autorité du poète et rendre à l'écrivain toute licence dans son activité profane, voire quelque liberté critique, hors du contrôle des seigneurs et des clercs.

Mais pareille description rencontre l'hostilité de la plupart des historiens. Ceux qui privilégient l'économie, la guerre ou la politique ne s'y retrouvent point. Les spécialistes de la philosophie et des sciences font valoir que c'est avec Galilée, avec Descartes que la raison moderne a établi sa souveraineté. La Réforme, dont l'humanisme critique n'est qu'une préparation, tient le premier rôle dans l'histoire religieuse. Les médiévistes, surtout, peuvent souligner ce que cette façon de voir a d'injuste à l'égard du Moyen Age, qui ne fut pas une période d'ignorance, qui sut renouveler à plusieurs reprises les études antiques et dont les intellectuels jouèrent un rôle important et bénéfique. Il en résulte que la Renaissance, hors de l'histoire des arts, apparaît aux uns comme l'agonie du Moyen Age, aux autres comme les prémices des Temps modernes.

Pour l'amateur de poésie française, toutefois, son autonomie n'a rien d'incertain. C'est d'abord que le lecteur contemporain y reconnaît sa langue : trop riche sans doute, et parfois guindée par l'imitation du latin ; mais un glossaire suffit à l'accommodation, il n'y faut point de traduction. Déjà l'imprimerie amène à normaliser l'orthographe ; déjà l'ordonnance de Villers-Cotterêts (1539), imposant son usage dans tous les actes officiels, fait du français la langue nationale. Avec un léger et plaisant sentiment d'archaïsme, nous percevons, au début du XVIe siècle, comme l'horizon de notre propre manière d'écrire.

De plus, les progrès de l'imprimerie ont défini d'une manière neuve, qui reste la nôtre, la forme que prendrait désormais la lecture de la poésie. Quelle qu'ait pu être l'importance des chansons et des récitations, le livre seul fait foi ; le recueil se place au centre de la curiosité poétique. Marot rassemble ses textes de jeunesse et se soucie de donner leur forme définitive à de grandes œuvres du passé, le *Roman de la rose* et les *Poésies* de Villon. Assurément l'unité de l'œuvre n'est pas une idée nouvelle ; mais le rapprochement de pièces diverses accuse, avec une netteté jusqu'alors inconnue, les subtiles sympathies qui lient les productions d'un auteur. La construction de la *Délie*, gouvernée par des chiffres et scandée par des images, en donne un exemple particulièrement convaincant, puisque chaque épigramme y reste libre, tout en trouvant sa place dans l'ensemble. Pour ne pas obéir à une architecture aussi stricte, les recueils de Du Bellay et de Ronsard gagnent, dans la continuité mélodique de leur composition, une forme d'ensemble mystérieuse et captivante : les sonnets s'associent par ressemblance ou par contraste, des solidarités se constituent et se chevauchent, un motif, une image, une philosophie se prolonge de texte en texte, puis s'interrompt, un autre enchaînement déjà commencé. C'est pourquoi cette anthologie donne le plus souvent possible des séquences de poèmes, plutôt que des poèmes isolés.

D'autre part la Renaissance a eu de la poésie une conception si large et si généreuse qu'aucun contemporain de bonne foi ne pourra éviter d'y reconnaître la sienne. Sans doute les mérites traditionnels sollicitent encore les soins des poètes : l'invention allégorique entre dans les soucis de Ronsard et de Belleau comme dans ceux de Jean Lemaire ou de Marot ; la virtuosité de la versification et de la musique séduit Jodelle autant que les premiers poètes du siècle ; l'esprit, la pointe font partie des valeurs poétiques de Scève ou Ronsard comme de Saint-Gelais. Du Bellay et Ronsard, sous la forme du roman ou de l'épopée, ont même renoué avec le long poème narratif qu'affectionnait le Moyen Age.

En revanche, certaines des qualités les plus modernes de Ronsard apparaissent déjà dans l'œuvre de Lemaire : la célébration de l'histoire contemporaine, avec ce sentiment si particulier de la grandeur du politique et, partant, ce glorieux voisinage du poète et du prince, mais aussi la vive conscience d'une tradition culturelle où se rencontrent les artistes et les écrivains ; sous les auspices de Léonard de Vinci ou de Jean de Meung, les jeux de l'image et de la parole deviennent explicites, tandis que les figures païennes s'insinuent dans les représentations chrétiennes.

La prodigieuse diversité des matières rapproche aussi les générations. Frivole ou grave, libertin ou puritain, chrétien ou païen, le lecteur a de quoi nourrir sa méditation morale et religieuse ; ses amours trouvent toutes leurs vérités, de l'ascèse platonique à la sensualité, de la grivoiserie à l'érotisme. Paix et guerre, science et opinion, amour et mort prétendent à la même légitimité poétique.

Les pages qui suivent ne livrent qu'un modeste échantillon d'une poésie vraiment renaissante, pleine encore de toutes les traditions et déjà prête à épanouir ses multiples potentialités. Lorsqu'un Baïf s'amuse à rassembler dans ses *Mimes* des proverbes qu'il invente parfois à loisir, il n'ignore pas ce qu'il doit au folklore et à la littérature, il s'inscrit dans le sillage d'Erasme et de ses *Adages* et note que son entreprise poursuit dans la voie des burlesques « coq-à-l'âne » de Marot, donc des fatrasies médiévales ; mais il ne devine guère que son jeu trouvera un prolongement dans les *Poésies* de Lautréamont et les *152 Proverbes mis au goût du jour* par Paul Eluard et Benjamin Péret.

Quelques textes de cette anthologie présentent diverses formes du non-sens ou de l'hermétisme : l'humour de Marot, les oracles sibyllins de Nostradamus, les tours énigmatiques de Saint-Gelais, l'ésotérisme de Scève, les allusions mythologiques de Ronsard ou Du Bellay. Mais il n'est aucun de ces poètes qui ne sache ou ne doive s'expliquer avec clarté, aucun qui renonce à peindre à découvert la banalité du monde ou la simplicité du sentiment. L'écriture poétique connaît ainsi tous les degrés de tension qui peuvent affecter la parole.

Car c'est le caractère décisif de l'originalité de la poésie de la Renaissance que le rapport qui s'y instaure de façon générale entre la subjectivité et le langage. La part du lyrisme personnel s'accroît sans doute, mais ce n'est pas là le point essentiel, contrairement à ce qu'ont imaginé des chercheurs romantiques toujours prêts à éprouver la sincérité de Saint-Gelais ou de Pontus de Tyard : la valeur d'un poème ne doit rien à la quantité des confidences qu'y livre son auteur et l'expression individuelle de la passion n'occupe guère Marot, Scève ou Ronsard. Tout au contraire : c'est le dévouement de l'aventure personnelle à la poésie, c'est la vocation de l'expérience intime à trouver sa forme glorieuse dans la parole, c'est la résurrection du fugace, mais aussi la constitution du périssable en objet spirituel permanent qui fait le prix de l'œuvre écrite et vécue. « La mort n'y mord », écrit Marot en tête d'un livre où chacun peut lire la familiarité entre une vie et un discours. Phénix, immortalité, accès au ciel : pour Scève, pour Ronsard, pour Du Bellay, pour Pontus de Tyard, la même formule liminaire change la poésie en renaissance.

Rien de plus éloigné de ces poètes que l'art pour l'art ou la poésie pure. Si attentifs qu'ils se montrent à la musique du vers et à la splendeur de l'image, si convaincus qu'ils soient de la finalité que le poème propose à la vie et à la parole, ils ne font de la poésie ni une fin ultime, ni une fin en soi. Un mouvement multiple d'engagements réciproques lie le poétique à d'autres éléments essentiels : l'histoire, la patrie, le christianisme, le divin, l'amour, le savoir sont engagés dans la poésie comme elle s'engage en eux.

Elle ne se contente pas de célébrer l'événement historique, ni même de le susciter : en définissant aussi des manières de se comporter, elle contribue à inventer la sociabilité. Entre le poète et ses protecteurs, les épîtres de Marot proposent et réalisent un rapport plus léger et moins contraint. Ses épigrammes ne renoncent pas à réformer les relations amoureuses et pas davantage ses sermons à simplifier la vie religieuse. Une catéchèse sentimentale s'énonce dans Héroet, tandis que les poèmes de Saint-Gelais, quand ils n'inspirent pas une chorégraphie courtisane, s'insinuent dans tous les actes d'une vie mondaine qu'ils sont bien résolus à érotiser. Une séduction se déploie dans les *Amours* de Ronsard ; ses anathèmes contre les huguenots préparent la Saint-Barthélemy, que Jodelle, toute honte bue, approuve à grand bruit. Tant il est vrai que cette poésie fut grave dans le charme et dans le crime.

La variété de ce paysage est pourtant mal connue de nos contemporains. Les belles éditions du XIXe siècle, qui se voulaient complètes et s'adressaient à l'honnête homme, n'ont pas trouvé leur équivalent à notre époque : erratiques, lentes, coûteuses, les éditions savantes ne suffisent pas à encourager la lecture. Quant à l'école, elle a souvent renoncé à faire découvrir une littérature plus faite pour susciter l'admiration que pour entraîner de complaisantes discussions.

Il faut reconnaître aussi qu'au promeneur sans boussole, la poésie de la Renaissance ne tarde pas à faire l'effet d'un océan de jérémiades amoureuses, dont les vagues se composent d'invariables sonnets.

Voici trois moyens de se défaire de cette impression trompeuse. D'abord chercher ailleurs. Hors de ses *Amours*, Baïf devient inventif ; Belleau a découvert des sujets originaux ; Ronsard ne se résume pas à ses sonnets.

Ensuite, il faut suivre les antagonismes qui divisent l'écriture amoureuse. La pureté du sentiment se heurte à la vivacité du désir. Ses aspects les plus éthérés eux-mêmes se fondent sur des discours dont la compatibilité n'est pas certaine. Dans le *Canzoniere* de Pétrarque, les Français découvrent un répertoire de procédés, hyperboles indispensables à l'éloge de l'objet aimé, anagrammes et paronomases propres à glorifier son nom, métaphores capables de faire de la maîtresse le résumé de la nature et de l'amant sa dispersion, antithèses nécessaires à la peinture d'une âme déchirée ; si les plus délicats y entendent aussi la délectation poétique de la souffrance et l'affirmation de la validité absolue d'une voix, la douloureuse impasse, puis la mort n'en dominent pas moins la sensibilité pétrarquienne. Seulement les poètes italiens qui reprendront les formules pétrarquistes y inscrivent, à la suite de Bembo, une espérance neuve : il appartient à l'amour d'entraîner l'âme vers la contemplation de l'idée céleste du beau et, en ce voyage, de se manifester comme force unificatrice de la Création ; dérivée de Platon par des philosophes comme Ficin, Pic de la Mirandole et Léon Hébreu, cette doctrine révèle la spiritualité de l'amour et promet aux chagrins des amants vertueux la récompense d'une béatitude qui n'attende pas le Paradis. Entre platonisme et pétrarquisme, également exaltés de chasteté, le heurt est donc inévitable, comme entre un entêtement tragique et une sereine espérance, mais aussi comme entre un chant d'épreuves fragmentaire et un discours anagogique. Enfin, la poésie pétrarquiste parvint en France sous une forme très disparate, dans des florilèges comme celui que Giolito publiait à Venise en 1545 : cela conduisit les imitateurs français à exagérer l'importance de menues circonstances particulières à chacun de leurs modèles, et ces détails romanesques contredisent la monotonie essentielle à l'expérience pétrarquienne, donnant à lire en filigrane de leurs livres une *Princesse de Clèves** ou un *Domi-*

* Roman de Madame de la Fayette (1678).

*nique** que trop de commentateurs ont pris pour argent comptant. Ainsi s'affrontent le désir et l'idéalisation, la souffrance et le bienheureux élan spirituel, l'épreuve sans fin et le roman. Des combats et des conciliations, des rejets et des assujettissements, des trêves et des trahisons donnent tout leur relief aux pétrarquismes de Scève, Du Bellay ou Ronsard.

En dernier lieu, bien sûr, il y a l'histoire. Commençant en 1498, à la mort de Charles VIII, cette anthologie rencontre d'abord les Grands Rhétoriqueurs, maîtres de l'éloge royal et du travail de la lettre : Jean Lemaire de Belges, tout en résumant leurs procédés, doit à la clarté et à l'harmonie de sa langue, comme à l'ampleur de sa culture et à la personnalité de sa voix de figurer ici comme avant-garde de la Renaissance. Marot poussa plus loin encore dans la voie de l'autorité personnelle, tout en variant les thèmes, les registres, les formes poétiques : c'est lui ou Saint-Gelais qui introduisit en France le sonnet.

Autour de Maurice Scève, à Lyon, se définit une poésie neuve, d'abord par la primauté qu'elle accorde au lyrisme amoureux, ensuite par une haute exigence spirituelle, qu'on retrouve chez Marguerite de Navarre.

En 1549 paraît la *Défense et illustration de la langue française* de Joachim Du Bellay et en 1555, l'*Art poétique* de Peletier. Pour peu qu'on les compare à l'*Art poétique français* donné au public par Sébillet en 1548, on voit surgir un esprit nouveau. La volonté d'égaler les Anciens s'affirme avec plus de force ; au lieu de trouver leur place, un peu malaisément, dans la belle construction du système des formes poétiques françaises que proposait Sébillet, l'ode et le sonnet deviennent des genres autonomes et correspondent à une matière

* Roman d'Eugène Fromentin (1863).

indiquée par la tradition antique ou pétrarquiste ; l'épopée, ou du moins le ton épique devient le symbole même de la poésie ; cela marque une ambition dont les poètes de la Pléiade ne se montreront pas indignes.

Car c'est alors que se regroupe autour de Ronsard une « brigade » de jeunes poètes, Peletier, Baïf, Du Bellay, Jodelle, Belleau, qui prendra bientôt le nom de Pléiade. Le nom des astres qui la composent a pu varier, mais elle a créé avec bonheur dans tous les genres poétiques. C'est là que s'arrête l'aventure : ce volume ne contient pas de vers d'un poète né après Jodelle et Baïf (1532), les plus jeunes des amis de Ronsard.

« Pétrarque, notait Renan, mérite d'être appelé le premier homme moderne, en ce sens qu'il inaugura chez les Latins le sens délicat de la culture antique, source de toute notre civilisation. » La poésie de la Renaissance a le même mérite et propose la même leçon : il n'est pas de culture qui possède en soi son centre, et la volonté d'admirer, d'égaler un classicisme, des modèles étrangers ou anciens, préserve de la complaisance et ouvre l'esprit à des valeurs autres. Parce qu'il a su y reconnaître un tour « tout à fait anacréontique », parce que son goût pour la prose antique, qui « reluit partout de la vigueur et hardiesse poétiques », lui interdisait de limiter la poésie aux vers, Montaigne inventa ainsi le premier poème en prose français, en cette traduction d'une chanson amérindienne : « Couleuvre, arrête-toi ; arrête-toi, couleuvre, afin que ma sœur tire sur le patron de ta peinture la façon et l'ouvrage d'un riche cordon que je puisse donner à m'amie : ainsi soit en tout temps ta beauté et disposition préférée à tous les autres serpents. »

Cette manière de fonder la modernité sur la tradition peut passer pour la devise d'une élite. La Pléiade l'a dit sur un ton plus hautain, mais toute la Renaissance a fui la facilité. Comme les philosophes, les poètes cultivent le secret, en même temps qu'ils ont le goût de l'élucidation, de l'universalité, de la publication. La contradiction est vite levée : c'est que le savoir le plus haut ne se transmet pas sans une initiation qui transforme ceux qui la reçoivent ; la parole poétique n'est pas une chose qui se possède, mais un monde où l'on pénètre.

A. M.

## *AVERTISSEMENT*

Afin de faciliter la lecture, on a modernisé l'orthographe et même la forme de quelques mots, en respectant la rime et en ménageant l'harmonie du vers. De même, on a converti la ponctuation à notre usage, tout en conservant la vigoureuse pause que marquent les deux points. Il était impossible, en revanche, d'introduire le pronom personnel sujet là où il nous paraît manquer ou d'accorder le verbe avec ses deux sujets, quand on l'accordait au XVIe siècle avec le plus proche. Impossible aussi de restituer les *ni* et les *si* qui se trouvent élidés. En revanche, il n'y avait guère d'inconvénient à conserver, pour l'euphonie ou pour la clarté, l'accord en nombre du participe présent.

Un glossaire fournit en fin de volume le sens des mots disparus des dictionnaires courants ; il éclaire aussi quelques noms propres rares. Il néglige les changements de genre et les acceptions demeurées vivantes.

Le lecteur se souviendra qu'*ouvrier* ou *meurtrier* comptaient alors pour deux syllabes, la seconde incluant le *i*. Le *e* « muet » était prononcé après une voyelle : *vi-e* en deux syllabes sauf en cas de hiatus. L'apostrophe marque quelques élisions justifiées par la licence poétique. Le *e* était également réalisé, légèrement, en fin de vers, ce qui donne sa valeur musicale à l'alternance des rimes féminines et masculines.

# JEAN LEMAIRE DE BELGES

1473-1516

Né à Bavay (Nord), il s'engage, après ses études universitaires, dans une carrière administrative et littéraire, notamment auprès de Louis de Luxembourg dont *La Plainte du désiré* (1503) déplorera la mort, puis de Marguerite d'Autriche, duchesse de Savoie, dont *La Concorde du genre humain* célèbre les succès diplomatiques (traités de Cambrai, 1508). C'est pour cette princesse qu'il compose les *Epîtres de l'amant vert* (1505) et dirige les travaux de l'église de Brou. Il meurt sans doute en 1516, laissant aussi *La Concorde des deux langages* (1511) et *Les Illustrations de Gaule et singularités de Troie.*

**Œuvres essentielles :**

*La Plainte du désiré* (1503). Réédition 1932.
*Epîtres de l'amant vert* (1505). Réédition 1948.
*La Concorde du genre humain* (1508). Réédition 1964.
*Œuvres.* Édition 1882-1885. Réédition 1969.

## ORAISON A LA VIERGE

SALut à vous, dame de haut parage,
VErs qui chacun, de très humble courage,
REndre se doit pour bienheurté conquerre ;
GIron de paix, reposoir de suffrage,
NAvire sûr, sans peur et sans naufrage,
MIeux étoffé que pour la Toison querre ;
SEnte d'honneur, de claire rélucence,
RIche rubis bien garni d'innocence,
CORde sonnant en harpe davitique,
DIrigez ci votre magnificence
Et recevez mon très humble cantique.

VIrginal clos où Dieu prit habitude,
ParTAnt du haut de sa béatitude,
Même DU Lieu très prochain de son père,
Donnez-moi CE par votre saintitude,
Qui mieux duisez, DOnt mon petit étude
Vous peut bailler los ET gloire prospère.
Je ne quiers pas par eSPESe d'envie,
Ou par orgueil qui corrompt NOStre vie,
Surpasser tous en science absTRActive,
Mais seulement, comme hysope ou SALvie
Vous rendre odeur en cette vie actiVE.

O notre fleur que Dieu tant féconDA,
Que de son germe en issit l'entelETte

Qui votre clos virginAL Circunda,
Entra, saillit, son siège AMple y fonda,
Tout sans briser ni SUMmet ni feuillette.
Moult est heureuX Et de riche aventure
Qui par vertU de sa propre nature,
Peut SE Lever en contemplation,
EdIFiant par aucune facture
MILle dictiers de notable lecture
Jouxte vos biens et collaudation. (...)

*(Œuvres)*

# DIALOGUE ENTRE RHÉTORIQUE ET PEINTURE

## RHÉTORIQUE

(..) Là où ton œil ne peut ruer emprise,
Là où ta main se hait et se déprise
Pour non pouvoir mettre effet à son deuil,
Là où ton sens se perd et se débrise,
Il ne faut jà que d'atteindre j'y vise ;
Car tel objet est trop haut pour mon œil. (...)

Un grave accent, musique larmoyable,
Est bien séant à ce deuil pitoyable
Par parfournir nos lamentations :
A toi, Josquin, en prière amiable
Le défunt mande être tant serviable
Qu'on puît chanter sa complainte louable
Sur tes motets et compositions.
Fais donc un chant ainsi que de ténèbres,
Sans mignotise et sans point d'illécèbres,
Rempli de deuil en ses proportions.
Comme on faisait ès grands pompes funèbres
Jadis à Rome ou aux fêtes célèbres
D'Isis quérant par trous et par latèbres
Son mari mort, au moins par fictions. (...)

## PEINTURE

(...) Deuil double deuil, douloureux et dolent,
Deuil renforcé sur toute doléance
En a maint cœur vertueux, excellent ;

Mais qui qui l'ait terrible et violent,
Dame Nature en a plus grand souffrance.
Voyez la là, la plus belle de France,
Sombre, ternie, étonnée, ébahie,
De toute part de courroux envahie !

(...) Faites broyer sur vos polis porphyres
Couleurs duisant à mon intention,
Toutes de noir et de diverses tires,
Pour exprimer les douloureux martyres
Que Nature a par grieve infection.
Faites mêler pâte carnation :
Ne détrempez que noir de flambe ou bistre,
C'est la couleur qui de deuil est ministre.

Laissez à part sinople et azur d'Acre,
Laque, vert gai, toutes hautes couleurs :
Gardez-les bien pour quelque image sacre
Pour étoffer statue ou simulacre
Qui soit de prix et de riches valeurs.
Ici ne faut que touches de douleurs.
Car d'or moulu Nature ne se pare
Quand quelque grief de joie la sépare.

Ne peignez point Nature rubiconde,
Mais tout ombreuse et pleine de souci :
Ne la montrez fertile ni féconde,
Mais tout ainsi que pauvre et véréconde,
Quand elle voit son fruit mort et transi,
Son noble fruit qu'elle avait fait ainsi
Comme un miracle en humain personnage :
Et mort l'a pris en la fleur de son âge.

Peintres prudents, le défunt vous aimait.
Mettez Nature auprès de lui dolente :
Et le tirez ainsi que s'il dormait
Ou si les yeux en veillant il fermait,
Car point n'est mort d'occasion violente,
Ains est séché par langueur longue et lente,
Qui a maté ses beaux membres massifs,
L'an de son âge environ trente-six.

Peignez Nature obscure, obnubilée,
Auprès du corps, misérable, éperdue,
Comme impossible à être consolée,
Comme Thamar par force violée,
Comme Vénus qui sa joie a perdue
Quand elle voit la personne étendue
De son mignon Adonis le très bel,
Ou comme Eva pleurant son fils Abel.

Encore plus, tirez-la moi fort brune,
Lointaine à l'œil par bonne perspective,
Souffrant éclipse, ainsi comme la lune,
En quelque forme étrange et non commune,
Pour démontrer qu'elle est lasse et chétive.
Ne lui baillez point d'art délectative,
Ni fleur, ni fruit, ni œuvre délicate :
Et m'en croyez, je suis son avocate !

Non ! Laissez tout ! Vous n'y sauriez toucher :
Vous n'y pourriez à mon gré satisfaire.
Ce cas ici est si haut et si cher
Qu'on ne saurait en sorte le coucher
Condigne assez selon le triste affaire.
Car Nature est, pour venir au parfaire,
Plus trouble en cœur qu'oncques ne la peignis
Pour le trépas du comte de Ligny.

Or donc, ma sœur, il faut bien qu'on déploie
Votre trésor, car mes sens y défaillent,
Ma main refuit, mon engin se reploie,
Si est besoin que votre langue emploie
Les mots dorés que les hauts dieux lui baillent,
Pour être organe aux grands regrets qui saillent
De l'estomac de Nature en grand nombre.
Car je connais qu'on ne peut peindre une ombre.

(*La Plainte du désiré,* 1503)

# ÉPITRES DE L'AMANT VERT

(..) Certes tu es (dirai-je ce dur mot ?
Mais pourquoi non ? Quand nul que toi ne m'ot)
Tu es cruelle, ou au moins trop sévère,
Vu que ton œil, qui en deuil persévère,
N'aime couleur sinon noire et obscure,
Et n'a de vert ni de gaieté cure.
Or plût aux dieux que mon corps assez beau
Fût transformé, pour cette heure, en corbeau :
Et mon collier vermeil et purpurin
Fût aussi brun qu'un More ou Barbarin :
Lors te plairais-je, et ma triste laideur
Me vaudrait mieux que ma belle verdeur ;
Lors me serait mon dommage et ma perte
Tournée en gain et recouvrance aperte.
Vienne quelqu'un qui de noir atrament
Teigne mon corps et mon accoutrement !
Mais s'impossible était que ma vêture
Pût recevoir nulle noire teinture,
Las, vienne aucun, au moins, qui à ton œil
Fasse apparoir de vert que ce soit deuil !
Mon cœur se deult, combien que d'un vert gai
Soit mon habit, comme d'un papegai.
Et faut-il donc si ne m'est délivrée
De par Nature une noire livrée,
Que haï sois ? et que frustré me voie
De ton regard qui prend or autre voie.

O dur regret qui me vient courir sus !
Serai-je donc un autre Narcissus ?
Ou Hippolyte ? auxquels leur beauté propre
Par grand méchef causa mort et opprobre ?
Je vois qu'oui : et que mon propre chant
M'est un couteau mortellement tranchant.
Las, si je parle, et siffle, et me dégoise,
Et qu'en chantant je mène douce noise,
Ce n'est pour moi, mais pour toi réjouir.
Je me tairai s'on ne me veut ouïr,
Ains qu'on me laisse en ce lieu solitaire,
A moi moleste, et à nul salutaire.
Las, je vois bien que trop me nuit mon plaid :
Vu que plaisir et joie te déplaît.
Si serai dit (quand trop je m'évertue)
Le pélican, qui de son bec se tue.
Bien peu s'en faut que celui ne maudie
Qui me donna tel grâce et mélodie,
Par trop m'apprendre et dictiers et chansons,
Dont autrefois tu aimais les doux sons.
Et me baisais, et disais : « Mon ami ».
Si cuidais être un dieu plus qu'à demi,
Et bien souvent de ta bouche gentile
M'était donné repas noble et fertile.
Que dirai-je d'autres grands privautés,
Par quoi j'ai vu tes parfaites beautés
Et ton gent corps, plus poli que fin ambre
Trop plus que nul autre valet de chambre ?
Nu, demi-nu, sans atour et sans guimple,
Demi-vêtu en belle cotte simple. (...)

(*Epîtres de l'amant vert*, 1505)

## LA CONCORDE DU GENRE HUMAIN

Le genre humain, dès longtemps misérable,
Etait en limbe ainsi comme un damné ;
Mais à ce jour, au monde secourable,
Il se réveille en joie désirable,
Car le doux fruit, son rédempteur est né.
Le fruit de paix, d'amour enluminé,
N'est fors que Dieu qui se joint avec nous,
Car où paix est, Dieu y est incarné
A qui devons tous fléchir nos genoux.

Tourbe infernale et démogorgonique,
Jà verras-tu tes noirs cloîtres brisés !
Guerre sanglante et Trahison inique,
Horreur, Fureur, Injure plutonique,
Famine, Esclandre et outrageux Oser,
Abîmez-vous et laissez reposer
Le genre humain, puisque Paix a son cours !
Honteux méchants, je vous sens marmouser
D'être vaincus par féminin secours.

(...) Or faudrait-il ici sur quoi je muse,
Avoir clair son et de plus cliquant forge ;
Ma musette est trop sourde et trop camuse ;
Un autre organe, une angélique Muse
Affiert ici, chantant à pleine gorge.

Revienne au monde un Gréban ou un George,
Un Jean de Meung, maître Alain, Molinet,
Car mon engin n'est en mer qu'un grain d'orge
Pour bien noter ce haut mystère au net.

Neanmoins, ô Vierge, à qui tout doit hommage,
Fais que je semble un bien peu l'alouette
Qui en chantant dresse au ciel son plumage
Et, contendant au clair céleste image,
Mieux se déguise au moins que la chouette,
Donne parole à ma langue muette ;
Et me fais dire ici que sans miracle
Ne s'est pas fait que la propre diète :
De toi conçue, avons paix pour oracle.

(...) Arrière ! horrible et hérodique monstre,
On te défend ce noble monde rond.
L'enfant est né ; l'étoile le démontre ;
Les rois puissants lui viendront à l'encontre
Qui ce doux fruit nouvel adoreront.
Or, myrrhe, encens très tous lui offreront
Et, outre plus, honoreront sa mère ;
« Dame de paix » toujours la nommeront
Et « de concorde amie non amère ».

O Marguerite, ô fille de Marie,
Perle et consoude, ondoyant gemme et fleur,
Seule union, seul chef de pierrerie,
En médecine et en trésorerie
Aidante et riche, effaçant perte et pleur,
Cœurs unissant en grâce et en valeur,
Consolidant les courages déjoints,
Tu rends au monde odeur, vie et chaleur
Qui presque était amorti de tous points.

(*La Concorde du genre humain*, 1508)

# MELLIN DE SAINT - GELAIS

1491-1558

Fils plutôt que neveu d'Octavian de Saint-Gelais, brillant et savant évêque d'Angoulême, il bénéficie, après de belles études classiques à Poitiers, Boulogne et Padoue, de la protection de François 1er, puis de Henri II. S'il adhère, comme son ami Marot, à l'esprit anti-papiste de la Réforme, rien n'indique qu'il en ait partagé toute l'inspiration théologique et son tempérament débonnaire l'incite à se ranger. Devenu prêtre en 1524, il ne s'éloigne pas de la vie mondaine et terminera sa carrière comme bibliothécaire à Fontainebleau, inventeur de fêtes et mascarades à Blois ou Saint-Germain. Il ne publia de son vivant qu'un mince volume d'*Œuvres* (Lyon, 1547) : une magnifique énigme, aussi hostile à la Sorbonne qu'amicale pour Marot et une mordante épigramme contre Rome expliquent peut-être sa discrétion.

Avant de reconnaître ses talents, la génération de la Pléiade lui fera grief de ne point se tenir assez « loin du populaire ». D'autres blâmeront le « goût italien », déjà maniériste, qui le pousse à acclimater en France le pétrarquisme et le sonnet. Poète de cour, il devance souvent les Précieux, comme Sainte-Beuve le lui reprochera. Mais c'est avec adresse qu'il assortit la métaphore délicate et la scabreuse équivoque. Musicien subtil, il mourut à son luth.

**Œuvres essentielles :**

*Œuvres* (1547). Réédition 1873.
*Œuvres poétiques* (1573). Réédition 1873.

## DIZAIN

L'heureux présent de votre jarretière
A si bien fait de lier son devoir
Qu'il a étreint d'une personne entière
Ce qui se voit et qui ne se peut voir,
La soumettant toute à votre pouvoir.
Et, bien qu'avant que rien m'eussiez donné,
A vous servir me sentisse adonné,
Si avez-vous, par ce nœud, tant pu faire
Que tout sur moi vous est abandonné,
Hormis le nœud, que vous pourriez défaire.

(*Œuvres*, 1547)

## D'UN BOUQUET D'ŒILLETS GRIS ET ROUGES

Ces six œillets, mêlés en cette guise,
Vous sont par moi ce matin envoyés
Pour vous montrer, par ceux de couleur grise,
Que j'ai du mal plus que vous n'en voyez ;
Vous suppliant que vous y pourvoyiez.
Les rouges sont plainte, en l'autre moitié,
Non point de vous, mais du dieu sans pitié
Qui de mon sang prend vie et nourriture ;
Et tous ensemble, ayant de leur nature
Brève saison, vous portent ce message
Que la beauté est un bien qui peu dure
Et que qui l'a, la doit mettre en usage.

(*Œuvres*, 1547)

## D'UN PRÉSENT DE CERISES

A ce beau premier jour de mai,
En lieu de bouquet ou de mai,
Présent vous fais, mes damoiselles,
D'un plat de cerises nouvelles,
Qui se sont, ce pensé-je, hâtées
Pour de vous deux être tâtées,
Car toutes belles nouveautés
Cherchent vos nouvelles beautés.
Voyez ! Est-il chose plus douce ?
Ell's sont grosses comme le pouce.
Saurait-on voir, que vous en semble,
Rien qui mieux à un cœur ressemble ?
C'est signe que, toutes vos vies,
De mille cœurs serez servies.
Quoi ? ai-je failli à bien dire ?
Qu'est ceci ? Qu'avez-vous à rire ?
Est-ce que, me laissant prêcher,
Vous mettez à les dépêcher ?
Et toujours les plus cramoisies
S'en vont les premières choisies ;
Ne sais, quand l'une à l'autre touche,
Quelle est la cerise ou la bouche,
Tant sont également vermeilles !
Mais qu'y a-t-il ? voici merveilles,
De rire tant, et qui vous boute ?

Sur ma vie que je m'en doute.
Ha ! c'est fait ; je vous vois venir.
Elles vous ont fait souvenir,
A leur forme et à leur liqueur,
De quelque autre cas que d'un cœur ;
Et vous moquez avec raison
De ma lourde comparaison.
Vous l'avez mieux mise à son point !
C'est cela, ne le niez point :
Avouer prêtes je vous vois.
Au moins recevez cette loi
Que celle à qui il adviendra
D'avoir la dernière, viendra
Le confesser sans qu'elle y songe
Ou me baiser pour la mensonge.

(*Œuvres poétiques,* 1573)

## A UNE DAMOISELLE

Si je me sentais tant valoir
Que de moi il vous plût chaloir,
Je permettrais à mon désir
De se faire tant de plaisir
Que témoigner en quelque sorte
L'affection que je vous porte.
Mais je connais tant vous et moi
Et sais si bien ce que je dois
Que j'enclos ma flamme en silence,
Malgré elle et sa violence ;
Pour au moins en tirer ce bien
Que par là vous sachiez combien
A vous serait obéissant,
Qui sur soi-même est si puissant.

(*Œuvres poétiques*, 1573)

## SONNET 15

MIS AU DEVANT D'UN PETIT TRAITÉ QUE JE FIS, INTITULÉ : AVERTISSEMENT SUR LES JUGEMENTS D'ASTROLOGIE, À UNE STUDIEUSE DAMOISELLE

Ne craignez point, plume bien fortunée,
Qui vers le ciel vous allez élevant,
Faire ruine, Icarus ensuivant,
Qui trop haussa l'aile mal empennée.
Du beau soleil où êtes destinée
Vous n'irez point la chaleur éprouvant ;
Mais deviendrez, sous ses rais écrivant,
De sa clarté belle et enluminée.
Et si, volant parmi le grand espace,
De ses vertus quelque feu concevez,
Jà moins pourtant ne vous en élevez.
Ce ne sera feu qui brûle ou défasse
Mais bien fera sa divine étincelle,
Comme Phénix, revivre vous et elle.

(*Œuvres poétiques*)

## EN UNE IMAGE DE SAINTE CATHERINE, AUX HEURES DE LA REINE, NOMMÉE CATHERINE

Sa roue à fortune je laisse
Et veux qu'ailleurs elle domine,
Mais que j'aie une Catherine
Pour ma fortune et ma déesse.

*(Œuvres poétiques)*

## DIZAIN

Si la beauté qui vous rend si aimable,
N'était pareille à mon affection,
Elle serait incertaine et muable
Et je serais hors de subjection ;
Mais comme seule elle a perfection,
Aussi parfaite est ma vive étincelle.
L'une est céleste, et l'autre est éternelle,
L'une est sans feu, l'autre sans cruauté :
Telle beauté fait l'amour être belle
Et tel amour aimable la beauté.

*(Œuvres poétiques)*

# MARGUERITE DE NAVARRE

1492-1549

Pénétrée de platonisme et de « philosophie évangélique », la sœur de François Ier épouse sans contentement Charles d'Alençon, en 1509. Protectrice de Marot, Bonaventure des Périers et Rabelais, elle poursuit ses activités politiques, assez attachée aux intérêts dynastiques de sa famille pour contribuer de son mieux à la libération du roi prisonnier (1525-1526) ; elle conclura, avec Louise de Savoie et Marguerite d'Autriche, la Paix des dames, à Cambrai, en 1529. Mais elle demeure proche de Lefèvre d'Etaples et de Guillaume Briçonnet, donc de la sensibilité réformatrice : la parution de son poème, *Le Miroir de l'âme pécheresse* (1531) lui vaut même la condamnation de la Sorbonne. Entretemps, son veuvage lui a permis d'épouser le roi de Navarre, Henri d'Albret (1527) et de faire de ses états le plus tolérant des asiles. Outre ses œuvres poétiques, imprimées à Lyon en 1547 *(Les Marguerites de la Marguerite des princesses)*, on lui doit les contes enjoués de *L'Heptaméron*, qui ne sera publié qu'en 1559.

**Œuvre essentielle :**

*Les Marguerites de la Marguerite des princesses* (1547). Réédition 1968.

## CHANSONS SPIRITUELLES

Si quelque injure l'on vous dit,
Endurez-le joyeusement ;
Et si chacun de vous médit,
N'y mettez votre pensement.
Ce n'est chose nouvelle
D'ouïr ainsi parler souvent :
Autant en emporte le vent.

Si quelqu'un parle de la Foi
En la mettant quasi à rien
Au prix des œuvres de la Loi,
Les estimant les plus grands biens,
Sa doctrine est nouvelle,
Laissez-le là, passez avant :
Autant en emporte le vent.

Et si pour votre Foi gâter,
Vous vient louer de vos beaux faits
En vous disant (pour vous flatter)
Qu'il vous tient du rang des parfaits,
Fuyez parole telle,
Qui amène orgueil décevant :
Autant en emporte le vent.

Si le monde vous vient tenter
De richesse, honneur et plaisir
Et les vous vient tous présenter,
N'y mettez ni cœur ni désir :

Car chose temporelle
Retourne où était paravant :
Autant en emporte le vent.

☆

Voici nouvelle joie,
La nuit pleine d'obscurité
Est passée ; et voici le jour
Auquel marchons en sûreté,
Chassant toute peur par amour,
Sans que nul se dévoie :
Voici nouvelle joie.

L'hiver plein de froid et de pleurs
Est passé tremblant et glacé ;
L'été plein de verdure et fleurs
Nous vient plus beau que l'an passé ;
Ore chacun le voie :
Voici nouvelle joie.

L'arbre sec et fâcheux à voir,
Raboteux et dur à toucher,
Que nul ne désirait avoir,
Maintenant pouvons le toucher :
Il fleurit et verdoie,
Voici nouvelle joie.

Le rossignol qui s'est fâché
Pour la rigueur de l'hiver froid,
Maintenant il n'est plus caché
Mais sur la branche il se tient droit :
Il jargonne et verboie,
Voici nouvelle joie.

Le Fidèle dedans la Loi
Tout caché, tremblant et peureux,

Par la lumière de la Foi
Voit clair et devient amoureux
De Dieu, que le convoie :
Voici nouvelle joie.

Il se connait tout délivré
De péché et damnation ;
Il se sent de joie enivré
Par la divine Election
Qui tout bien lui octroie :
Voici nouvelle joie.

L'arbre de Croix, de peine et mort,
Que tant avait eu en horreur,
Maintenant c'est le réconfort
Où il a attaché son cœur
Afin qu'il ne dévoie :
Voici nouvelle joie.

Lui qui craignait les gens hanter
Et cachait par crainte sa voix,
Maintenant ne fait que chanter
Dessus l'épine de la Croix ;
Il faut que l'on le croie :
Voici nouvelle joie.

Il est dehors d'hiver et nuit,
Il n'est plus sec, mais florissant ;
Mort et Péché plus ne lui nuit ;
Il est content dans le Puissant.
Vérité, Vie et Voie :
Voici nouvelle joie.

☆

Descendons bas en notre âme,
Pour monter plus hautement.

Nous la verrons toute infâme,
Sujette à mort et tourment ;
Mettre la faut sous la lame,
Par anéantissement.
Descendons.

Brûlée soit dans la flamme
Du Saint Esprit purement,
Qui tout son péché et blâme
Couvrira d'un vêtement.
Descendons.

De Christ, duquel sera femme
Jointe inséparablement,
L'âme étant Rien, sera dame
De tout par son Tout, vraiment.
Descendons.

Car Tout en Rien crie et clame,
Voire inénarrablement ;
Dieu par Foi Père réclame,
Qui l'exauce promptement.
Descendons.

Unissant le Rien qu'il ame
En son tout divinement,
L'épouse se perd et pâme
En son tout joyeusement.
Descendons.

Dont gloire, honneur, bruit et fâme
Rend à Dieu incessamment.
Descendons.

(*Les Marguerites de la Marguerite des princesses*, 1547)

# LA MORT ET RÉSURRECTION D'AMOUR

J'ai vu les yeux desquels Amour, cruel tyran,
Avait fait les doux traits dont il allait tirant,
Au temps que, bien dorés d'un regard gracieux,
Doucement les tournant, blessait et terre et cieux :
Or les vois-je transis comme d'émail sans vie,
N'ayant plus de rien voir ou d'être vus envie.
J'ai vu la bouche rouge par laquelle il parlait,
Et parole de feu, qui sans cesse brûlait,
Jadis soulait jeter par sa douce ouverture
Qui montre le trésor du cœur sans couverture :
Or la vois-je fermée, couvrant ses blanches dents
Qui comme un mur de pierre cachent tout le dedans.
J'ai vu les blonds cheveux dont il faisait la corde
De l'arc, où il n'a pu trouver miséricorde,
Et des plus crêpelés faisait ses rets et forts,
Où chacun il prenait, nonobstant ses efforts :
Or les vois-je cachés, sans ordre et non peignés,
En dédaignant chacun, d'un chacun dédaignés.
J'ai vu les tant bien fait's et petites oreilles,
Ouvertes, clair-oyant's, blanches, un peu vermeilles,
Sarbacanes d'Amour, pleines de sa leçon,
Qui les gardait d'ouïr autre parole ou son :
Or les vois-je fermé's sans plus ouvrir leur porte
Aux chants, dits ni propos qui du petit dieu sorte.
J'ai vu les blanches mains, les doigts longs et subtils,

Desquels soulait Amour faire ses fins outils
Pour arracher les cœurs du plus profond du corps,
Les uns mettre captifs, les autres pis que morts :
Or les vois-je sans forc' de tenir n'arracher,
Sans être plus touché's ni pouvoir plus toucher.
J'ai vu les petits pieds, beaux, légers et pénibles,
Faisant pour leur seigneur choses tant impossibles
Que roues de son char tant triomphant étaient,
Qui en danses, tournois et plaisirs le portaient :
Or les vois-je impotents, sans plus bouger d'un lieu,
Sans plus être marchés ni marchants pour leur dieu.
J'ai vu le corps parfait et de telle grandeur,
Auquel tout le rebours se trouvait de laideur,
Qu'Amour avait choisi pour sa très ferme tour
Et son doux Paradis pour éternel séjour :
Or les vois-je changer de nature et de maître,
De vie et de beauté, de sentiment et d'être.
Que ferez-vous (Amour) quand plus ne pourrez voir
Des beaux yeux par lesquels avez sur tous pouvoir ?
Quand ne pouvez ouïr de l'oreille fermée
En qui votre parole fut reçue et aimée ?
Quand ne pouvez parler par cette bouche close
Par laquelle en parlant vous pouviez toute chose ?
Quand ne pouvez des mains mortes plus tourmenter
Ni assurer tous ceux qu'avez fait lamenter ?
Quand ne pouvez des pieds votre char plus tirer
Ni par eux en plaisirs vos servants attirer ?
Quand ne pouvez au corps qui fut votre demeure,
Le voyant ruiné, plus demeurer une heure ?
Mourez donques, Amour, en cette départie
Ou, si vivre voulez, cherchez autre partie
Dont vous puissiez tirer autant d'honneur et gloire
Et qui de tous les cœurs vous donne la victoire,
Comme a fait ce corps-ci, cause de tous vos biens,
Que vous soyez tout mat et converti en riens.
Si mieux vous ne trouvez, mourez dedans son cœur :
Car de changer en pis vous serait peu d'honneur.

Sépulcre il vous sera, vous relique honorable :
Il vous fera honneur, vous le rendrez louable.
Et puis, quand serez mort, un bien devez attendre,
Que de vous, Amour mort, et votre froide cendre
Suscitera l'Amour, qui toujours sera vie
Du mort, duquel par lui sera la mort ravie
Et du tout mise à rien, et où mort a été,
Amour vivant sera pour jamais arrêté,
Qui fera voir l'aveugle et le muet parler,
Le sourd ouïr très clair, le boiteux droit aller,
L'imbécile des mains user du touchement
Et la beauté périe embellir doublement.
Vertu fortifier fera son fort château,
Sa demeure à jamais, trop plus que devant beau.
Jamais ne passera sa force et sa beauté,
Là l'amour immortel tiendra sa Royauté,
Sa grandeur, son empire, en montrant sa puissance,
Sous laquelle chacun fera obéissance.
Mourez donques, Amour, puisque ne pouvez vivre
En celle qui de vous par Amour est délivre ;
Donnez lieu à l'Amour de saine affection,
Qui prend de votre mort sa génération :
Et lors Amour, d'Amour vainqueur de telle sorte,
Fera vivre d'Amour l'amie en l'Amour morte.

*(Les Marguerites de la Marguerite des princesses)*

# ANTOINE HÉROËT

1492-1568

Né à Paris, adepte de la version ficinienne du platonisme, il obtient la protection de Marguerite de Navarre et présente au roi, en 1536, son allégorie de l'*Androgyne,* librement adaptée du *Banquet.* La Borderie ayant donné dans *L'Amie de cour* (1541) une caricature de l'idéal féminin défini par la Renaissance italienne, Héroët, en guise de réponse, laisse la parole à sa *Parfaite Amie* (Lyon, 1542) ; mais cette œuvre ne se réduit ni à la polémique, ni à l'illustration des philosophies amoureuses alors en usage : le poème conserve un ton serein, néglige de définir l'amour au sein d'une doctrine et omet des articles aussi nécessaires à la foi platonique que l'opposition de la spiritualité et des sens ou la fonction cosmologique d'Amour, affirmées par Castiglione aussi bien que par Ficin et Pic de la Mirandole. Méditation personnelle et mesurée du *Phèdre* et du *Banquet,* il prend la forme de l'évocation d'une aventure intime, dédaignant la rhétorique pétrarquiste et les doctes allégories.

Cet ouvrage, réédité une quinzaine de fois avant 1560, connut un rayonnement remarquable. Ronsard admirait

Héroët, Peletier le défendait contre Du Bellay, trop sévère à l'endroit de son style austère et insensible à la noblesse de ses formules. Mais, entré dans les ordres, Héroët gardait le silence ; devenu évêque de Digne en 1552, il mourut en 1568.

**Œuvre essentielle :**

*La Parfaite Amie* (1542). Réédition 1943.

# LA PARFAITE AMIE

## PREMIER LIVRE

(...) S'il veut beauté, belle lui semblerai,
S'il veut l'esprit, divine lui serai ;
C'est vérité, que chacune peut croire,
En me laissant dévorer cette gloire,
Que j'attribue à la vertu prouvée
De mon ami, qui la mienne a trouvée.
Tout ce qu'il veut, tout ce qu'amour désire,
Tout le savoir qu'on peut ouïr ou lire
Se trouve en moi ; et crois qu'il n'y a rien
Si ce n'était lui qui cherche si bien.
Ainsi trouvant en moi tous ses plaisirs
Le mécroirai-je avoir nouveaux désirs ?
Si se tenir à une est difficile,
Il peut de moi seule en forger un mille ;
Si le changer lui plaît, il changera
Et variant, de moi ne bougera.
Ce que je dis, ce n'est point fiction ;
D'ami parfait vient ma perfection.
Quand vous verrez une amie laissée,
Ne la blâmez que de s'être adressée
Aux ignorants : car de telle ignorance
Ne peut partir ni amour ni fiance.
Sans vraie amour, sans foi et sans savoir,
Rien ne peut atteindre ni avoir ;

Ou si on l'a, ce qui doit contenter,
Se tournera prêt à vous tourmenter.
Avec amour et savoir incroyable
Qu'a mon ami, qui n'a point de semblable,
Il a cherché et trouvé que j'abonde
Seule des biens qu'a le reste du monde.
Bien demandant, me fait si bien répondre
Que j'ai grand peur de ses raisons confondre
Quand son amour il compare à la mienne,
Qui est la paix d'une guerre ancienne
Et d'un débat que souvent démenons ;
C'est la campagne où nos cœurs promenons,
Où j'ai gagné si j'ai été déçue,
Où je vaincrai si j'ai été vaincue.
(...) Quand deux esprits, au ciel devant liés,
Puis reconnus en terre et ralliés,
Trouvent les corps propices et les sens
Tout attentifs, serfs et obéissants,
De mutuelle et telle affection
L'un a de l'autre une fruition,
Un aise grand, certain contentement
Qui n'est connu que de l'entendement.
De quel plaisir ces deux-là sont munis
En se voyant en divers corps unis ?
Comme chacun de tous ses maux délivre,
De la liqueur désirée s'enivre,
Quelle senteur, quel goût à l'ambroisie
Dont on arrose ainsi sa fantaisie ?
Combien que tout soit à l'amour possible,
Si serait-il, ce me semble, indicible.
Bien vous dirai ce que j'en imagine.
Cette union est fureur très divine,
Dont les esprits quelquefois agités
Sentent l'odeur de tant de déités
Que, revenus de ce ravissement,
Laissent au corps un frémissement,
Comme si l'heur à jamais fût perdu

Qu'on leur avait pour peu d'heure rendu.
Ne demandez quel heur : car qui l'a eu
Onques depuis redire ne l'a su.
Or s'il advient quelquefois en la vie
Que l'âme étant en tel état ravie,
Les corps voisins, comme morts, délaissés,
D'amour et non d'autre chose pressés,
Sans y penser se mettent à leur aise,
Que la main touche ou que la bouche baise,
Cela n'est pas à déshonneur compté ;
C'est un instinct de naïve bonté,
Si, cependant que les maîtres jouissent,
Les corps qui sont serviteurs s'éjouissent ;
Et quand des deux la jouissance advient,
Pris le plaisir, plus ne leur en souvient. (...)

### SECOND LIVRE

(...) « Cela ne vient d'humaine affection
Ni de la terre, ainsi que nous pensons ;
Il vient du ciel, dont nous reconnaissons
Cette beauté de femme être sortie
Et nous souvient du tout par la partie ;
Il nous souvient de la saison passée,
De la Beauté qu'au ciel avons laissée.
Notre âme craint qu'étant au corps liée,
Par son oubli du beau soit oubliée.
Puis tout soudain, par sa reconnaissance,
Elle s'assure et entre en espérance,
Puisque d'un tel souvenir est saisie,
Que Beauté l'a prélevée et choisie
A s'élever ; si commence d'entendre
Combien de perte elle fit de descendre,
Veut réfréner toutes passions vaines,
Use d'amour et de beautés humaines
Pour un degré propre à plus haute attente.

Ainsi (disait) l'âme au corps est contente. »
Ce sont propos qu'autrefois m'a tenus
Le mien ami, que j'ai mal retenus ;
Car je pensais autant aux corps qu'aux âmes.
Mais s'il mourait (dont Dieu le gard), mesdames,
J'aurais loisir de les remémorer,
Je ne verrais en terre empêchement
Qui divertir pût mon entendement ;
Et, quelque part où l'ami pourrait être,
Je le voudrais, par y penser, connaître.
Si c'est au ciel que sont les lieux heureux
Et qu'aimer bien purge un cœur amoureux,
Tant qu'il se lève à céleste science,
J'aime si bien que j'ai sûre fiance
En mon amour que tôt m'élèvera
Et les secrets du ciel m'enseignera.
Et, quand amour ne s'y avancerait
Et qu'impuissant, mort mon ami, serait,
Je lirai tant et tant je marquerai,
Tant de sagesse ès livres je verrai
Qu'il m'adviendra comme à la femme advient
Portant ennui que son ami ne vient,
Qui sur la mer doit faire un long voyage :
En s'enquérant de tempête et d'orage,
Des doux étés et dangereux hivers,
Quel vent contraire ou quels rochers divers
Font avancer les naufs ou retarder,
Voulant toujours s'il vient point regarder,
Par une ardente et pensive manière
Devient savante et bonne marinière. (...)

SECOND LIVRE

(...) Tous les écrits et larmoyants auteurs,
Tout le Pétrarque et ses imitateurs,
Qui de soupirs et de froides querelles

Remplissent l'air en parlant aux étoiles,
Ne fassent point soupçonner qu'à aimer,
Entre le doux, il y ait de l'amer.
Quand vous voyez ces serviteurs qui meurent
Et en priant hors d'haleine demeurent,
Evitez-les comme males odeurs !
Fuyez ces sots et lourds persuadeurs,
Pour vous tirer qui n'ont point d'autres aimants
Que conter maux qu'ils souffrent en aimant !
En tels fâcheux et forgeurs de complaintes
Ne trouverez que mensonges et feintes.
Un vrai amant en contant ses désirs
Proposera mille nouveaux plaisirs,
Aura tant d'aise et d'heur à savoir dire
Comme il osa penser ce qu'il désire. (...)

*(La Parfaite Amie)*

# CLÉMENT MAROT

1496-1544

Clément Marot naquit à Cahors. Son père, Jean Marot, devenu poète d'Anne de Bretagne, puis de François Ier, guida son apprentissage littéraire : *le Temple de Cupidon* (1514) répond aux goûts des Grands Rhétoriqueurs. Mais, au service de la future Marguerite de Navarre, puis du roi son frère, le jeune Marot, sans rien renier de son héritage, va développer un ton plus libre, notamment dans ses épîtres. La faveur royale le protège jusqu'en 1534. A trois reprises, il connaît pourtant la prison, notamment pour n'avoir pas respecté le Carême, et « mangé le lard ». Entre-temps, il contracte alliance avec Anne, sa « grande amie », qui lui inspirera épigrammes et rondeaux, mais se marie avec une autre : de cette union naîtra Michel, troisième poète. Clément recueille ses œuvres dans *L'Adolescence clémentine* (1532) qui connaît un grand succès.

Les pires épreuves commencent en 1534, avec la guerre que mène contre lui son rival Sagon, puis l'affaire des placards (18 octobre) : après l'affichage à Paris et à Amboise de thèses hostiles à la théologie catholique, Marot, suspect, et effectivement proche de la Réforme, doit s'exiler à Nérac, auprès de Marguerite de Navarre, puis à Ferrare, où il est accueilli en avril 1535 par Renée de France. Poursuivi par l'Inquisition, il rejoint Venise, puis la calviniste Genève.

Abjurant ses « erreurs », il regagne la France en 1537 et publie à Lyon ses *Œuvres* (1538). Depuis une quinzaine d'années, il a sans doute trouvé dans la jeune et éternelle Réforme, la Christine du *Balladin*, le digne objet du Ferme Amour qu'il chantait autrefois, et dans les thèmes pastoraux de la Bible l'accomplissement de l'églogue païenne. Il traduit les *Psaumes* et Pétrarque. Mais une nouvelle dispute avec Sagon et une édition de *L'Enfer*, longue satire allégorique contre la justice, qui date de 1526, l'amènent à quitter le pays. Malgré *l'Eglogue au roi sous les noms de Pan et Robin*, il doit se réfugier à Genève, puis en Savoie. Il mourra à Turin en septembre 1544.

**Œuvres essentielles :**

*Œuvres* (1538). Réédition 1966.
*Œuvres* (1538 ou 1539 ?). Réédition 1973.
*Œuvres* (1544). Réédition 1973.
*Œuvres* (1596). Réédition 1935.

## LE TEMPLE DE CUPIDON

(...) Le grand autel est une haute roche
De tel' vertu que si aucun amant
La veut fuir, de plus près s'en approche,
Comme l'acier de la pierre d'aimant.
Le ciel ou poêle est un cèdre embâmant
Les cœurs humains, duquel la largeur grande
Couvre l'autel. Et là, (pour toute offrande)
Corps, cœur et biens à Vénus faut livrer.
Le corps la sert, le cœur grâce demande
Et les biens font grâce au cœur délivrer.

De Cupido le diadème
Est de roses un chapelet
Que Vénus cueillit elle-même
Dedans son jardin verdelet
Et sur son printemps nouvelet
Le transmit à son cher enfant,
Qui de bon cœur le va coiffant.
Puis donna pour ces roses belles
A sa mère un char triomphant,
Conduit par douze colombelles.

Devant l'autel, deux cyprès singuliers
Je vis florir sous odeur embâmée
Et me dit-on que c'étaient les piliers

Du grand autel de Haute Renommée.
Lors mille oiseaux, d'une longue ramée,
Vinrent voler sur ces vertes courtines,
Prêts de chanter chansonnettes divines.
Si demandai pourquoi là sont venus,
Mais on me dit : « Ami, ce sont matines
Qu'ils viennent dire en l'honneur de Vénus. »

Devant l'image Cupido
Brûlait le brandon de détresse
Dont fut enflammée Dido,
Biblis et Hélène de Grèce.
Jean de Meung, plein de grand sagesse,
L'appelle, en terme savoureux,
Brandon de Vénus rigoureux,
Qui son ardeur jamais n'attrempe :
Toutefois au temple amoureux
Pour lors il servait d'une lampe.

(...) Les vitres sont de clair et fin cristal,
Où peintes sont les gestes authentiques
De ceux qui ont jadis de cœur loyal
Bien observé d'Amour les lois antiques.
En après sont les très saintes reliques,
Carcans, anneaux aux secrets tabernacles ;
Ecus, ducats, dedans les clos obstacles ;
Grands chaînes d'or, dont maint beau corps est ceint,
Qui en amour font trop plus de miracles
Que Beau Parler, ce très glorieux saint.

Les voûtes furent à merveilles
Ouvrées souverainement :
Car Priapus les fit de treilles
De feuilles de vigne et sarment.
Là dépendent tant seulement
Bourgeons et raisins à plaisance ;
Et, pour en planter abondance,

Bien souvent y entre Bacchus,
A qui Amour donne puissance
De mettre guerre entre bas culs.

(...) Les fonts du temple étaient une fontaine
Où décourait un ruisseau argentin ;
Là se baignait mainte dame hautaine
Le corps tout nu, montrant un dur tétin.
Lors on eût vu marcher sur le patin
Pauvres amants à la tête enfumée.
L'un apportait à sa très bien aimée
Eponge, peigne et chacun appareil ;
L'autre à sa dame étendait la ramée
Pour la garder de l'ardeur du soleil.

Le cimetière est un vert bois
Et les murs, haies et buissons ;
Arbres plantés, ce sont les croix ;
*De profundis*, gaies chansons.
Les amants, surpris des frissons
D'amour et attrapés ès lacs,
Devant quelques huis, tristes et las,
Près la tombe d'un trépassé,
Chantent souvent le grand hélas
Pour *requiescat in pace.*

Ovidius, maître Alain Charretier
Pétrarque, aussi le *Roman de la rose*
Sont les missels, bréviaire et psautier
Qu'en ce saint temple on lit, en rime et prose ;
Et les leçons que chanter on y ose,
Ce sont rondeaux, ballades, virelais,
Mots à plaisir, rimes et triolets,
Lesquels Vénus apprend à retenir
A un grand tas d'amoureux nouvelets,
Pour mieux savoir dames entretenir.

(...) Marguerites, lis et œillets,
Passeveloux, roses flairantes,
Romarin, boutons vermeillets,
Lavandes odoriférantes,
Toutes autres fleurs apparentes,
Jetants odeur très adoucie
Qui jamais un cœur ne soucie,
C'était de ce temple l'encens.
Mais il y eut de la soucie :
Voilà qui me trouble le sens.

(*Œuvres*, 1538)

# ÉPÎTRES

## II. A SON AMI LYON

Je ne t'écris de l'amour vaine et folle :
Tu vois assez s'elle sert ou affole ;
Je ne t'écris ni d'armes ni de guerre :
Tu vois qui peut bien ou mal y acquerre ;
Je ne t'écris de Fortune puissante :
Tu vois assez s'elle est ferme ou glissante ;
Je ne t'écris d'abus trop abusant :
Tu en sais prou et si n'en vas usant ;
Je ne t'écris de Dieu ni sa puissance :
C'est à lui seul t'en donner connaissance ;
Je ne t'écris des dames de Paris :
Tu en sais plus que leurs propres maris ;
Je ne t'écris qui est rude ou affable,
Mais je te veux dire une belle fable,
C'est à savoir, du lion et du rat.
Cestui lion, plus fort qu'un vieux verrat,
Vit une fois que le rat ne savait
Sortir d'un lieu, pour autant qu'il avait
Mangé le lard et la chair toute crue ;
Mais ce lion (qui ne fut jamais grue)
Trouva moyen et manière et matière,
D'ongles et dents, de rompre la ratière,
Dont maître rat échappe vitement,

Puis mit à terre un genou gentement
Et, en ôtant son bonnet de la tête,
A mercié mille fois la grand bête,
Jurant le Dieu des souris et des rats
Qu'il lui rendrait. Maintenant tu verras
Le bon du conte. Il advint d'aventure
Que le lion pour chercher sa pâture
Saillit dehors sa caverne et son siège,
Dont (par malheur) se trouva pris au piège
Et fut lié contre un ferme poteau.
        Adonc le rat, sans serpe ni couteau,
Y arriva joyeux et esbaudi
Et du lion (pour vrai) ne s'est gaudi,
Mais dépita chats, chattes et chatons
Et prisa fort rats, rates et ratons,
Dont il avait trouvé temps favorable
Pour secourir le lion secourable,
Auquel a dit : « Tais-toi, lion lié,
Par moi seras maintenant délié :
Tu le vaux bien car le cœur joli as ;
Bien y parut quand tu me délias.
Secouru m'as fort lionneusement ;
Or secouru seras rateusement. »
        Lors le lion ses deux grands yeux vertit
Et vers le rat les tourna un petit
En lui disant : « O pauvre verminière,
Tu n'as sur toi instrument ni manière,
Tu n'as couteau, serpe, ni serpillon
Qui sût couper corde ni cordillon,
Pour me jeter de cette étroite voie ;
Va te cacher, que le chat ne te voie.
– Sire lion (dit le fils de souris),
De ton propos (certes) je me souris :
J'ai des couteaux assez, ne te soucie,
De bel os blanc, plus tranchants qu'une scie ;
Leur gaine, c'est ma gencive et ma bouche ;
Bien couperont la corde qui te touche

De si très près, car j'y mettrai bon ordre. »
 Lors sire rat va commencer à mordre
Ce gros lien : vrai est qu'il y songea
Assez longtemps ; mais il vous le rongea
Souvent et tant qu'à la parfin tout rompt,
Et le lion de s'en aller fut prompt,
Disant en soi : « Nul plaisir (en effet)
Ne se perd point, quelque part où soit fait. »
Voilà le conte en termes rimassés :
Il est bien long, mais il est vieil assez.
Témoin Esope, et plus d'un million.
 Or viens me voir pour faire le lion,
Et je mettrai peine, sens et étude
D'être le rat, exempt d'ingratitude,
J'entends, si Dieu te donne autant d'affaire
Qu'au grand lion, ce qu'il ne veuille faire.

(*Œuvres*, 1538)

## EGLOGUE AU ROI

## SOUS LES NOMS DE PAN ET ROBIN

(...) Sur le printemps de ma jeunesse folle
Je ressemblais l'hirondelle qui vole
Puis çà, puis là : l'âge me conduisait,
Sans peur ni soin, où le cœur me disait.
En la forêt (sans la crainte des loups)
Je m'en allais souvent cueillir le houx
Pour faire glus à prendre oiseaux ramages,
Tous différents de chant et de plumages
Ou me soulais (pour les prendre) entremettre
A faire brics ou cages pour les mettre.
Ou transnouais les rivières profondes
Ou renforçais sur le genou les fondes,
Puis d'en tirer droit et loin j'apprenois
Pour chasser loups et abattre les noix.
(...) Déjà pourtant je faisais quelques notes
De chant rustique et, dessous les ormeaux,
Quasi enfant, sonnais des chalumeaux.
Si ne saurais bien dire ni penser
Qui m'enseigna si tôt de commencer,
Ou la nature aux Muses inclinée
Ou ma fortune, en cela destinée
A te servir : si ce ne fut l'un d'eux,
Je suis certain que ce furent tous deux.
(...) Quand printemps faut et l'été comparoit,

Adonques l'herbe en forme et force croît.
Aussi quand hors du printemps j'eus été,
Me crût le sens mais non pas le souci ;
Si employai l'esprit, le corps aussi
Aux choses plus à tel âge sortables,
A charpenter loges de bois portables,
A les rouler de l'un en l'autre lieu,
A y semer la jonchée au milieu,
A radouber treilles, buissons et haies,
A proprement entrelasser les claies
Pour les parquets des ouailles fermer,
Ou à tissir (pour fromages former)
Paniers d'osière et ficelles de jonc,
Dont je soulais (car je l'aimais adonc)
Faire présent à Hélène la blonde.
J'appris les noms des quatre parts du monde,
J'appris les noms des vents qui de là sortent,
Leurs qualités et quel temps ils apportent,
Dont les oiseaux, sages devins des champs,
M'avertissaient par leurs vols et leurs chants.
J'appris aussi, allant aux pâturages,
A éviter les dangereux herbages
Et à connaître et guérir plusieurs maux
Qui quelquefois gâtaient les animaux
De nos pâtis : mais par-sus toutes choses,
D'autant que plus plaisent les blanches roses
Que l'aubépin, plus j'aimais à sonner
De la musette, et la fis résonner
En tous les tons et chants de bucoliques,
En chants piteux, en chants mélancoliques,
Si qu'à mes plaints un jour les Oréades,
Faunes, Sylvains, Satyres et Dryades
En m'écoutant jetèrent larmes d'yeux ;
Si firent bien les plus souverains dieux ;
Si fit Margot, bergère qui tant vaut.
Mais d'un tel pleur ébahir ne se faut,
Car je faisais chanter à ma musette

La mort (hélas !), la mort de Louisette,
Qui maintenant au ciel prend ses ébats
A voir encor ses troupeaux ici-bas.
(...) Mais maintenant que je suis en l'automne,
Ne sais quel soin inusité m'étonne
De tel' façon que de chanter la veine
Devient en moi non point lasse ni vaine,
Ains triste et lente et certes, bien souvent,
Couché sur l'herbe, à la fraîcheur du vent,
Vois ma musette à un arbre pendue
Se plaindre à moi qu'oisive l'ai rendue ;
Dont tout à coup mon désir se réveille,
Qui, de chanter voulant faire merveille,
Trouve ce soin devant ses yeux planté,
Lequel le rend morne et épouvanté :
Car tant est soin basané, laid et pâle
Qu'à son regard la Muse pastorale,
Voire la Muse héroïque et hardie,
En un moment se trouve refroidie,
Et devant lui vont fuyant toutes deux
Comme brebis devant un loup hideux.
J'ois d'autre part le pivert jargonner,
Siffler l'escouffle et le butor tonner,
Vois l'étourneau, le héron et l'aronde
Etrangement voler tout à la ronde,
M'avertissant de la froide venue
D'un triste hiver, qui la terre dénue.
D'autre côté, j'ois la bise arriver,
Qui en soufflant me prononce l'hiver ;
Dont mes troupeaux, cela craignants et pis,
Tous en un tas se tiennent accroupis
Et dirait-on à les ouïr bêler
Qu'avecques moi te veulent appeler
A leur secours et qu'ils ont connaissance
Que tu les as nourris dès leur naissance.
Je ne quiers pas (ô bonté souveraine)
Deux mille arpents de pâtis en Touraine

Ni mille bœufs errants par les herbis
Des monts d'Auvergne, ou autant de brebis :
Il me suffit que mon troupeau préserves
Des loups, des ours, des lions, des loucerves,
Et moi du froid, car l'hiver qui s'apprête
A commencé à neiger sur ma tête.
    Lors à chanter plus soin ne me nuira,
Ains devant moi plus vite s'enfuira
Que devant lui ne vont fuyant les Muses,
Quand il verra que de faveur tu m'uses.
    Lors ma musette, à un chêne pendue,
Par moi sera promptement descendue ;
Et chanterai l'hiver à sûreté
Plus haut et clair que ne fis onc l'été.
    Lors, en science, en musique et en son,
Un de mes vers vaudra une chanson ;
Une chanson, une églogue rustique ;
Et une églogue, une œuvre bucolique.
    Que dirai plus ? vienne ce qui pourra :
Plus tôt le Rhône encontremont courra,
Plus tôt seront hautes forêts sans branches,
Les cygnes noirs et les corneilles blanches,
Que je t'oublie (ô Pan de grand renom),
Ni que je cesse à louer ton beau nom.
    Sus, mes brebis, troupeau petit et maigre,
Autour de moi sautez de cœur allègre,
Car déjà Pan, de sa verte maison,
M'a fait ce bien d'ouïr mon oraison.

(*Œuvres*, 1539)

# ÉPIGRAMMES

165

## DU MOIS DE MAI ET D'ANNE

Mai, qui portait robe reverdissante,
De fleurs semée, un jour se mit en place,
Et quand m'amie il vit tant florissante,
De grand dépit rougit sa verte face,
En me disant : « Tu cuides qu'elle efface,
A mon avis, les fleurs qui de moi issent. »
Je lui réponds : « Toutes les fleurs périssent
Incontinent qu'hiver les vient toucher ;
Mais en tout temps de ma dame florissent
Les grands vertus, que Mort ne peut sécher. »

177

## DE OUI ET DE NENNI

Un doux nenni, avec un doux sourire,
Est tant honnête, il le vous faut apprendre :
Quand est d'oui, si veniez à le dire,
D'avoir trop dit je voudrais vous reprendre ;
Non que je sois ennuyé d'entreprendre
D'avoir le fruit dont le désir me point ;
Mais je voudrais qu'en le me laissant prendre
Vous me dissiez : « Non vous ne l'aurez point. »

(*Œuvres*, 1544)

# RONDEAUX

### 39. DE SA GRANDE AMIE

Dedans Paris, ville jolie,
Un jour passant mélancolie,
Je pris alliance nouvelle
A la plus gaie demoiselle
Qui soit d'ici en Italie.

D'honnêteté elle est saisie
Et crois (selon ma fantaisie)
Qu'il n'en est guère de plus belle
Dedans Paris.

Je ne vous la nommerai mie,
Sinon quc c'cst ma grand'amic ;
Car l'alliance se fit telle
Par un doux baiser que j'eus d'elle,
Sans penser aucune infamie
Dedans Paris.

### 79. RONDEAU DU GUAY

Oyez le guay, petit mignon,
Monsieur, Madame Pimpelotte,
Avec le clerc à la pelotte,
Non fait, si fait, par Santrignon.

Villain, vous tranchez de l'oignon
Et ne valez pas échalotte :
Oyez le guay, etc.

Gros coquin, ôte le tignon
Si veux avoir la bachelotte ;
Drinc, drinct a mis en échec l'hôte.
M'amie, levez le groignon,
Oyez le guay, etc.

(*Œuvres*, 1596)

# CHANSONS

## CHANSON 25. DU JOUR DE NOËL

Une pastourelle gentille
Et un berger, en un verger,
L'autre hier en jouant à la bille
S'entredisaient, pour abréger :
Roger,
Berger,
Bergère
Légère,
C'est trop à la bille joué :
Chantons Noé, Noé, Noé.

Te souvient-il plus du prophète
Qui nous dit cas de si haut fait,
Que d'une pucelle parfaite
Naîtrait un enfant tout parfait ?
L'effet
Est fait :
La belle
Pucelle
A un fils du ciel avoué :
Chantons Noé, Noé, Noé.

### CHANSON 27

D'amours me va tout au rebours,
Jà ne faut que de cela mente ;
J'ai refus en lieu de secours ;
M'amie rit et je lamente ;
C'est la cause pourquoi je chante :
« D'amours me va tout au rebours ;
Tout au rebours me va d'amours. »

### CHANSON 33

La plus belle des trois sera
Celle qui mourir me fera
Ou qui me fera du tout vivre ;
Car de mon mal serai délivre,
Quand à sa puissance plaira.

Pallas point ne m'y aidera,
Juno point ne s'en mêlera ;
Mais Vénus, que j'ai voulu suivre,
Me dira bien : « Tiens, je te livre
Celle qui ravi ton cœur a. »

(*Œuvres*, 1596)

# SERMON DU BON PASTEUR ET DU MAUVAIS

## PRIS ET EXTRAIT DU DIXIEME CHAPITRE DE SAINT JEAN

Près de Paris, votre grande cité,
Sire, je fus, le carême, incité
D'aller aux champs entendre le propos
Du bon Pasteur, aimant l'aise et repos
De ses brebis, lequel paît mêmement
Le sien bétail par bon nourrissement.
Lors un j'en vis, sur un tertre monté,
Que Charitable Amour avait dompté,
Soigneusement gardant son petit nombre,
Qui là était, tapi à terre en l'ombre,
Et le paissait de l'Ecriture Sainte,
Disant ainsi par parole non feinte :
« Petit troupeau, vous n'avez donc plus cure
D'être repu de l'humaine pâture,
Ayant ouï la joyeuse nouvelle
De ce pain vif qui rend l'âme immortelle,
Du haut du ciel ici-bas descendu
Pour être à tous les humains épandu,
Qui vous a fait ce haut bien et cet heur
D'ouïr la voix de votre bon Pasteur
Qui est entré dedans la bergerie
Pour le salut de la brebis périe,

La restaurant de si doux pâturage
Que d'un mauvais il fait un bon courage.
C'est lui qui est vérité, vie et voie
Où nul vivant ne s'égare ou fourvoie.
C'est la clarté qui le monde illumine,
Que nulle nuit ni ténèbre extermine.
C'est lui qui est l'eau vive et souveraine
Qui dans le cœur fait sourdre une fontaine
Saillant du ciel, d'un goût tant bon et souef
Que qui en boit, il n'aura jamais soif.
A lui avez été tirés du père
Pour aller voir ce Pasteur votre frère,
Ni plus ni moins que si fussiez l'élite
Qu'il a voulu choisir, et sans mérite
Que de lui seul, dès le commencement,
Quand par son mot il fit le firmament.
Il a bien dit : « Je connais mes ouailles
Et elles moi, et ouvrent les oreilles
Pour écouter ma divine parole,
Qui n'est en rien menteuse ni frivole. »
(...) C'est le Pasteur de nous si fort jaloux
Que ne serez pris ni ravis des loups.
Et, qui plus est, lui tant bon, tant honnête,
A tout nombré le poil de votre tête
Et n'en cherra un sans la volonté
De Dieu son père : ainsi l'a raconté.
C'est lui qui a publié son édit
(Au moins ainsi que l'Evangile dit)
Que chacun voise à lui de prime face
Quand il voudra obtenir quelque grâce,
Tant soit indigne et rempli de malice,
Et il aura pardon du maléfice,
Ainsi comme eut le pauvre Enfant Prodigue
Qui, de la chair ayant suivi la ligue,
Fut prévenu de son père et reçu
Bénignement, dès qu'il l'eut aperçu.
(...) Tu ne cherchais rien moins, Samaritaine,

Que ton salut, allant à la fontaine ;
Et toutefois par lui tu fus cherchée
Dont ta grand'soif fut d'eau vive étanchée.
Mais que dirai dont tel amour procède,
Qui les amours de tous humains excède ?
Serait-ce point pour la laine ou toison
Que lui rendez tous les ans à foison ?
Serait-ce point pour quelque bonne chose
Venant de vous, en votre cœur enclose ?
Certes, nenni, car en cela vous êtes
(Il est certain) toutes indignes bêtes,
Et tout ainsi immondes et crasseuses
Comme le drap des femmes menstrueuses.
Puisque telle est vers lui votre excellence,
Ce n'est cela donc qui meut sa clémence
A vous aimer, mais la seule bonté
Qui a la terre et le ciel surmonté,
Ce qu'ignorez, si mal êtes instruites.
Pauvres brebis, on vous a bien séduites ;
Car seulement il est ici venu
Pour le troupeau en péché détenu.
Donc nul n'aura part au grand bénéfice
Qu'il nous a quis, s'il dit être sans vice.
(...) Heureuse mort, ton dard n'est que la clef
Pour aller voir Jésus-Christ notre chef.
Sans mort ci-bas toujours nous demeurions.
Sans mort jamais joie ou plaisir n'aurions,
Sans mort ne peut voir son époux l'épouse
Qui est de lui, non sans raison, jalouse.
Benoîte mort, ainsi te faut nommer,
Nul ne devrait souffrir les morts blâmer
Le doux effet de ton urgent office,
Lequel nous est nécessaire et propice.
Les morts, ce sont les ténèbres du monde,
Esquelles tant d'obscurité abonde
Qu'elles n'ont su la lumière comprendre
Pour le chemin de leur salut entendre.

Peintres français, avisez à ce point :
Quant à la mort, ne me la peignez point,
Comme on soulait, ainsi laide et hideuse ;
Mais faites la plus belle et gracieuse
Que ne fut onc ou Hélène ou Lucrèce
Afin qu'elle ait des amoureux la presse.
Bref, tirez-la qu'il ne lui faille rien,
Puisque par elle avons un si grand bien.
Il est raison que mort nous semble belle,
Puisque par mort avons vie éternelle,
Et que son nom, qui semblait être horreur
A un chacun, fût pape ou empereur,
Soit maintenant nom de toute assurance
A ceux qui ont en Dieu vraie espérance.
Puis lui baillez en sa main dextre dard
Si bien portrait de votre excellent art
Qu'il semble à l'œil par bonne perspective
Etre d'amour une flèche naïve ;
Non qu'elle cause aux navrés tant d'amer
Que celle-là qui fait la chair aimer
Et qu'elle n'ait ni charme ni poison,
Mais un onguent qui porte guérison
De tous les maux ésquels dame Nature
A obligé toute sa géniture.
Aussi qu'elle ait puissance de dissoudre
Et transmuer notre prison en poudre ;
Que nul vivant ne s'ose point vanter
De soi pouvoir de son dard exempter.
Ne la montrez sur son char arrogante,
Comme elle était des humains triomphante,
Mais peindez-la que triomphe nous fasse
Nous faisant voir Jésus-Christ face à face. »
 Voilà de quoi ses ouailles paissait
Le bon Pasteur, voire et les engraissait
A vue d'œil spirituellement
Tant que n'avaient faim ni soif nullement
Et recevaient don d'immortalité

Participant à la divinité.
D'autres j'en vis faisant les chatemites,
Par le dehors aussi simples qu'hermites,
Mais je me doute, et à ma fantaisie,
Que là était cachée hypocrisie,
Et me semblait, ou j'ai bien mauvais yeux,
Que leur esprit était séditieux.
Ils nourrissaient leurs grands troupeaux de songes,
D'*ergo*, d'*utrum*, de *quare*, de mensonges
Et de cela ils faisaient du pain bis
Que bien aimaient leurs séduites brebis ;
Mais de maigreur étaient enlangorées ;
Plus en buvaient, plus étaient altérées ;
Plus en mangeaient, plus en voulaient manger
Et l'âme et corps étaient en grand danger :
Et ne sauraient ennemis étrangers
Pis les traiter que faisaient leurs bergers,
Qui sous couleur de longues oraisons
Le plus souvent dévorent leurs toisons ;
Et crois, si mieux de près les avisez,
Que verrez loups en brebis déguisés.
Ils ont laissé l'huis salubre et à dextre
Et sont entrés en toit par la fenêtre ;
Ils ont laissé le pain qui ne périt
Pour cestui-là qui à l'instant pourrit. (...)

(*Œuvres*, 1596)

# MAURICE SCÈVE

1500 ?-1560 ?

Il y aurait de l'impiété à résumer la vie d'un poète dont les œuvres furent publiées anonymement.

Mais on peut dire que Scève trouve sa place au centre d'une constellation lyonnaise aussi savante que passionnée. Fort versé dans la philosophie de l'école, il n'en est pas moins sensible, comme Héroët, au platonisme de Ficin ou de Pic ; son savoir ne diminue pas une aptitude au lyrisme qu'il partage avec Louise Labé, et qui rencontre les formules pétrarquistes ; il participe au concours de « blasons du corps féminin » lancé par Marot. Après une adaptation de *La Déplorable Fin de Flamette*, on lui attribue *Le Petit Œuvre d'amour et gage d'amitié* (1538). La *Délie* paraît en 1544 : 49 dizaines, formées d'un emblème et de 9 dizains de décasyllabes, s'insèrent dans la dizaine que constituent ensemble le prologue (une dédicace et 5 dizains) et l'épilogue (un emblème et 3 dizains). Ces chiffres, selon certains, seraient symboliques ; outre le nom de la délienne Artémis-Hécate, le titre recèle une anagramme de *l'Idée.* De multiples concordances textuelles associent ce poème à ceux de Pernette du Guillet ; de sa destinataire, il n'affirme pourtant que son état de femme mariée, à « lui », comme dit le dizain 134. Après avoir donné au public *La Saulsaye* (1547), Scève rédige un long poème religieux et cosmologique, le *Microcosme* (1562).

La date de sa mort n'est pas mieux établie que celle de sa naissance.

**Œuvre essentielle :**

*Délie,* 1544. Réédition 1984.

# DÉLIE
# OBJET DE PLUS HAUTE VERTU

### A SA DÉLIE

Non de Vénus les ardents étincelles
Et moins les traits desquels Cupido tire,
Mais bien les morts qu'en moi tu renouvelles
Je t'ai voulu en cet œuvre décrire.
Je sais assez que tu y pourras lire
Mainte erreur même en si durs épigrammes :
Amour, pourtant, les me voyant écrire
En ta faveur, les passa par ses flammes.

## SOUFFRIR NON SOUFFRIR

### I

L'œil trop ardent en mes jeunes erreurs
Girouettait, mal caut, à l'impourvue :
Voici – ô peur d'agréables terreurs –
Mon basilisque, avec sa poignant' vue
Perçant corps, cœur et raison dépourvue,
Vint pénétrer en l'âme de mon âme.
Grand fut le coup, qui sans tranchante lame
Fait que, vivant le corps, l'esprit dévie,
Piteuse hostie au conspect de toi, dame,
Constituée Idole de ma vie.

☆

2

Le Naturant par ses hautes Idées
Rendit de soi la nature admirable.
Par les vertus de sa vertu guidées
S'évertua en œuvre émerveillable.
Car de tout bien, voire ès dieux désirable,
Parfit un corps en sa perfection,
Mouvant aux cieux telle admiration
Qu'au premier œil mon âme l'adora,
Comme de tous la délectation
Et de moi seul fatale Pandora.

☆

17

Plutôt seront Rhône et Saône déjoints
Que d'avec toi mon cœur se désassemble ;
Plutôt seront l'un et l'autre Monts joints,
Qu'avecques nous aucun discord s'assemble ;
Plutôt verrons et toi et moi ensemble
Le Rhône aller contremont lentement,
Saône monter très violentement,
Que ce mien feu, tant soit peu, diminue,
Ni que ma foi décroisse aucunement.
Car ferme amour sans eux est plus que nue.

☆

22

Comme Hécaté tu me feras errer
Et vif et mort cent ans parmi les ombres ;
Comme Diane au ciel me resserrer,
D'où descendis en ces mortels encombres ;
Comme régnante aux infernales ombres

Amoindriras ou accroîtras mes peines.
    Mais comme lune infuse dans mes veines
Celle tu fus, es et seras DÉLIE
Qu'Amour a jointe à mes pensées vaines
Si fort que Mort jamais ne s'en délie.

☆

46

    Si le désir, image de la chose
Que plus on aime, est du cœur le miroir,
Qui toujours fait par mémoire apparoir
Celle où l'esprit de ma vie repose,
A quelle fin mon vain vouloir propose
De m'éloigner de ce qui plus me suit ?
    Plus fuit le Cerf, et plus on le poursuit
Pour mieux le rendre aux rets de servitude ;
Plus je m'absente et plus le mal s'ensuit
De ce doux bien, dieu de l'amaritude.

☆

*(Emblème : Narcissus)*

ASSEZ MEURT QUI EN VAIN AIME

60

    Si c'est Amour, pourquoi m'occit-il donques,
Qui tant aimai et onc ne sus haïr ?
Je ne m'en puis non assez ébahir,
Et mêmement que ne l'offensai onques,
Mais souffre encor, sans complaintes quelconques,
Qu'il me consume, ainsi qu'au feu la cire.

Et me tuant, à vivre il me désire,
Afin qu'aimant autrui, je me désaime.
Qu'est-il besoin de plus outre m'occire,
Vu qu'assez meurt qui trop vainement aime ?

☆

73

Fuyant les monts, tant soit peu, notre vue,
Leur vert se change en couleur azurée,
Qui, plus lointaine, est de nous blanche vue,
Par prospective au distant mesurée.
L'affection en moi démesurée
Te semble à voir une teinte verdeur
Qui, loin de toi, éteint en moi l'ardeur
Dont, près, je suis jusqu'à la mort passible.
Mais tu sais mieux, qui peux par ta grandeur
Faciliter mêmement l'impossible.

☆

79

L'aube éteignait étoiles à foison,
Tirant le jour des régions infimes,
Quand Apollo montant sur l'horizon
Des monts cornus dorait les hautes cimes.
Lors du profond des ténébreux abîmes,
Où mon penser par ses fâcheux ennuis
Me fait souvent percer les longues nuits,
Je révoquai à moi l'âme ravie,
Qui, desséchant mes larmoyants conduits,
Me fit clair voir le soleil de ma vie.

80

Au recevoir l'aigu de tes éclairs
Tu m'offusquas et sens et connaissance.
Car par leurs rais si soudains et si clairs
J'eus premier peur, et puis réjouissance :
Peur de tomber sous griève obéissance,
Joie de voir si haut bien allumer.
Osas-tu donc de toi tant présumer,
Œil ébloui, de non voir, et de croire
Qu'en me voulant à celle accoutumer,
Facilement j'obtiendrais la victoire ?

☆

104

L'affection d'un trop hautain désir
Me banda l'œil de la raison vaincue ;
Ainsi conduit par l'inconnu plaisir,
Au règne ombreux ma vie s'est rendue.
Lors débandant cette face éperdue,
Je vis de loin ce beau Champ Elysée,
Où ma jeunesse en son rond Colisée
Satirisait contre Sollicitude,
Qui liberté, de moi tant fort prisée,
M'avait changée en si grand servitude.

*(Emblème : l'oiseau au glu)*
OÙ MOINS CRAINS PLUS SUIS PRIS

☆

118

Le haut penser de mes frêles désirs
Me chatouillait à plus haute entreprise,

Me dérobant moi-même à mes plaisirs,
Pour détourner la mémoire surprise
Du bien auquel l'âme demoura prise ;
Dont, comme neige au soleil, je me fonds,
Et mes soupirs dès leurs centres profonds
Si hautement élèvent leurs voix vives
Que, plongeant l'âme et la mémoire au fond,
Tout je m'abîme aux oublieuses rives.

☆

133

Le vêpre obscur à tous le jour clouit
Pour ouvrir l'aube aux limbes de ma flamme,
Car mon désir par ta parole ouït
Qu'en te donnant à moi, tu m'étais dame.
Lors je sentis distiller en mon âme
Le bien du bien, qui tout autre surmonte.
Et néanmoins, assez loin de mon compte,
Pitié te fit tendrement proférer
Ce doux « nenni » qui, flamboyant de honte,
Me promit plus qu'onc n'osai espérer.

134

Sainte Union pouvait seule accomplir
L'intention que sa loi nous donna,
Comme toi seule aussi devait supplir
Au bien qu'à deux elle-même ordonna.
A lui et corps et foi abandonna,
A moi le cœur et la chaste pensée.
Mais si sa part est ores dispensée
A recevoir le bien qu'Amour départ,
La mienne est mieux en ce récompensée
Qu'après Amour, la Mort n'y aura part.

135

Qui ce lien pourra jamais dissoudre,
Si la raison à ce nous contraignit ?
Amour le nœud laça, et pour l'absoudre
Foi le noua, et le temps l'étreignit.
Premier le cœur et puis l'âme ceignit
En nœud si doux et tant indissolvable,
Qu'outre le bien qui me tient redevable,
J'espérerai en sûre indemnité
Et prouverai par effet jà prouvable
En terre nom, au ciel éternité.

136

L'heur de notre heur enflambant le désir
Unit double âme en un même pouvoir :
L'une mourant vit du doux déplaisir
Qui l'autre vive a fait mort recevoir.
Dieu aveuglé, tu nous as fait avoir,
Sans autrement ensemble consentir,
Et posséder, sans nous en repentir,
Le bien du mal en effet désirable ;
Fais que puissions aussi longtemps sentir
Si doux mourir en vie respirable.

☆

147

Le doux sommeil de ses tacites eaux
D'oblivion m'arrousa tellement
Que de la mère et du fils les flambeaux
Je me sentais éteints totalement,
Ou le croyais ; et spécialement

Que la nuit est à repos inclinée.
    Mais le jour vint, et l'heure destinée
Où, revivant, mille fois je mourus,
Lorsque vertu, en son zèle obstinée,
Perdit au monde Angleterre et Morus.

☆

164

    Comme corps mort vaguant en haute mer,
Ebat des vents et passe-temps des ondes,
J'errais flottant parmi ce gouffre amer
Où mes soucis enflent vagues profondes.
    Lors toi, Espoir, qui en ce point te fondes
Sur le confus de mes vaines merveilles,
Soudain au nom d'elle tu me réveilles
De cet abîme auquel je périssais ;
Et à ce son me cornant les oreilles,
Tout étourdi point ne me connaissais.

☆

221

    Sur le printemps que les aloses montent,
Ma dame et moi sautons dans le bateau
Où les pêcheurs entre eux leur prise comptent,
Et une en prend, qui, sentant l'air nouveau,
Tant se débat qu'enfin se sauve en l'eau,
Dont ma maîtresse et pleure et se tourmente.
    « Cesse, lui dis-je, il faut que je lamente
L'heur du poisson que n'as su attraper,
Car il est hors de prison véhémente,
Où de tes mains ne peux onc échapper. »

☆

230

Quand je te vis orner ton chef doré
Au clair miroir mirant plus claire face,
Il fut de toi si fort enamouré,
Qu'en se plaignant, il te dit à voix basse :
« Détourne ailleurs tes yeux, ô l'outrepasse !
– Pourquoi ? dis-tu, tremblant d'un ardent zèle.
– Pource, répond, que ton œil, damoiselle,
Et ce divin et immortel visage
Non seulement les hommes brûle et gèle,
Mais moi aussi, où est ta propre image. »

*(Emblème : la licorne qui se voit)*
DE MOI JE M'ÉPOUVANTE

231

Incessamment mon grief martyre tire
Mortels esprits de mes deux flancs malades,
Et mes soupirs de l'âme triste attire,
Me réveillant toujours par les aubades
De leurs sanglots, trop dégoûtément fades,
Comme de tout ayants nécessité,
Tant que, réduit en la perplexité,
A y finir l'espoir encor se vante.
Par quoi troublé de telle anxiété,
Voyant mon cas, de moi je m'épouvante.

☆

247

Nature en tous se rendit imparfaite
Pour te parfaire et en toi se priser.

Et toutefois Amour, forme parfaite,
Tâche à la foi plus qu'à beauté viser.
Et pour mon dire au vrai autoriser,
Vois seulement les papegaux tant beaux,
Qui d'Orient, delà les Rouges eaux,
Passent la mer en cette Europe froide,
Pour s'accointer des noirs et laids corbeaux
Dessous la bise impétueuse et roide.

☆

259

De toute mer tout long et large espace,
De terre aussi tout tournoyant circuit,
Des monts tout terme en forme haute et basse,
Tout lieu distant, du jour et de la nuit,
Tout intervalle, ô qui par trop me nuit,
Seront remplis de ta douce rigueur.
Ainsi passant des siècles la longueur,
Surmonteras la hauteur des étoiles
Par ton saint nom, qui, vif en ma langueur,
Pourra nager partout à pleines voiles.

☆

328

Tant variable est l'effet inconstant
De la pensée encor plus incertaine
Que sur les doigts deux pour trois va comptant
Et tient jà près la chose bien lointaine.
Car étant pris dessous sa main hautaine,
Je m'en allais, pleurant, la tête basse ;
Et devant elle ainsi comme je passe,
En me voyant, me jette un souris d'œil,

Qui me fit rire : et par ce je compasse
Amour léger mêler joie en mon deuil.

329

Voudrais-je bien par mon dire attraper
Ou à mes vœux efforcer ma maîtresse ?
Je ne le fais, sinon pour échapper
De cette mienne angoisseuse détresse.
Pource à l'Archer, le plus du temps, m'adresse,
Comme à celui qui plus de mal me fait ;
Mais quoi ? Amour, cocodrille parfait,
Que ce fol monde aveuglément poursuit,
Nous suit, alors qu'on le fuit par effet,
Et fuit celui qui ardemment le suit.

*(Emblème : la lune en ténèbres)*
MA CLARTÉ TOUJOURS EN TÉNÈBRES

☆

*(Emblème : Europa sur le bœuf)*
A SÛRETÉ VA QUI SON FAIT CÈLE

339

Ainsi que l'air des nues se dévêt
Pour nous montrer l'esprit de son serein,
Ainsi, quand elle ou triste ou pensive est,
Reprend le clair de son teint souverain,
Pour entailler mieux qu'en bronze ou airain
Et confermer en moi mon espérance,
A celle fin que la persévérance
Toujours me pousse à si heureux déduits,
Comme elle sait qu'en fidèle assurance,
Celant mon feu, à bon port le conduis.

☆

346

A si haut bien de tant sainte amitié
Facilement te devrait inciter,
Sinon devoir ou honnête pitié,
A tout le moins mon loyal persister,
Pour uniment et ensemble assister
Là-sus en paix en notre éternel trône.
N'aperçois-tu de l'Occident le Rhône
Se détourner et vers Midi courir
Pour seulement se conjoindre à sa Saône
Jusqu'à leur mer, où tous deux vont mourir ?

☆

355

L'aube venant pour nous rendre apparent
Ce que l'obscur des ténèbres nous cèle,
Le feu, de nuit en mon corps transparent,
Rentre en mon cœur, couvrant mainte étincelle.
Et quand Vesper sur terre universelle
Etendre vient son voile ténébreux,
Ma flamme sort de son creux funébreux,
Où est l'abîme à mon clair jour nuisant,
Et derechef reluit, le soir ombreux
Accompagnant, le vermisseau luisant.

☆

413

Honnête ardeur en un très saint désir,
Désir honnête en une sainte ardeur,
En chaste ébat et pudique plaisir,

M'ont plus donné et de fortune et d'heur,
Que l'espérance, avec feinte grandeur,
Ne m'a ravi de liesse assouvie.
    Car désirant par cette ardente envie
De mériter d'être au seul bien compris,
Raison au fait me rend souffle à la vie,
Vertu aux sens et vigueur aux esprits.

☆

449

    Flamme si sainte en son clair durera,
Toujours luisante en publique apparence,
Tant que ce monde en soi demeurera
Et qu'on aura Amour en révérence.
    Aussi je vois bien peu de différence
Entre l'ardeur qui nos cœurs poursuivra
Et la vertu qui vive nous suivra
Outre le ciel amplement long et large.
    Notre genèvre ainsi donques vivra
Non offensé d'aucun mortel létharge.

FIN

SOUFFRIR NON SOUFFRIR

(*Délie*, 1544)

# NOSTRADAMUS

1503-1566

Médecin et astrologue de cour, Michel de Nostre-Dame publie à Lyon, en 1555, un recueil de quatrains, *Les Centuries prophétiques*, où il pousse à l'extrême les procédés de Scève : allusions obscures, syntaxe ambiguë, images violentes. Sa langue est hasardeuse et sa versification parfois fautive. Aucune raison d'ajouter foi à ses prédictions, mais il faut convenir « que par les mots douteux de sa prophète voix », selon l'expression de Ronsard, il prolonge hardiment une tentative poétique jusqu'à la capture du futur : ses énigmes en donnent la formule sans le connaître, trop confuses pour n'être pas forcément vérifiables.

**Œuvre essentielle :**

*Les Centuries prophétiques,* 1555. Réédition 1867.

# I

57

Par grand discord la trombe tremblera.
Accord rompu dressant la tête au ciel :
Bouche sanglante dans le sang nagera ;
Au sol sa face ointe de lait et miel.

# II

58

Sans pied ni main par dent aiguë et forte
Par globe au fort de porc et l'aîné né :
Près du portail déloyal se transporte,
Silène luit, petit grand emmené.

## III

13

Par foudre en l'arche or et argent fondu :
Des deux captifs l'un l'autre mangera :
De la cité le plus grand étendu,
Quand submergée la classe nagera.

84

La grand cité sera bien désolée
Des habitants un seul demeurera :
Mur, sexe, temple et vierge violée
Par fer, feu, peste, canon peuple mourra.

## IV

27

Salon, Mansol, Tarascon de SEX. l'arc,
Où est debout encor la Pyramide,
Viendront livrer le prince Danemark,
Rachat honni, au temple d'Artémide.

(*Les Centuries prophétiques*, 1555)

# JACQUES PELETIER DU MANS

1517-1582

Ce lettré sut traduire Horace, Homère, Virgile et Pétrarque, mais, épris de l'avenir, il publie un *Art poétique* (1555), une *Arithmétique*, la première en langue française, et une *Algèbre*, ainsi qu'un projet de réforme de « *l'ortografe* ». Quoiqu'elles obéissent à un précepte prodigieusement neuf, *Moins et meilleur*, ses œuvres poétiques de 1547, le satisfont mal ; il se tourne vers la poésie cosmographique (*L'Amour des amours*, 1555) ou géographique (*La Savoie*, 1572), avant de prononcer les *Louanges* (1581) de la parole ou de la science. Médecin, mathématicien et philosophe, cet humaniste fut l'ami de Cardan, de Ronsard, de Montaigne et de Théodore de Bèze.

**Œuvre essentielle :**

*Œuvres poétiques*, 1547. Réédition 1958.

## AU SEIGNEUR PIERRE DE RONSARD L'INVITANT AUX CHAMPS

Je suis las de la ville
Qui bruit comme tempête,
Cette tourbe civile
M'alourdit et entête :
Allons cueillir la guigne,
Allons voir les champs verts,
Les arbres tout couverts
Et la fleur de la vigne.
Pour avoir attendu
Un petit trop longtemps,
Je crains qu'ayons perdu
Maints joyeux passe-temps :
Les rossignols gentils
Ayant leurs œufs éclos,
Ont jà le gosier clos,
Soigneux de leurs petits.
Les fleurs d'odeur naïve
Des arbres sont saillies ;
Roses de couleur vive
Sont jà presque cueillies :
Ces fausses bergerettes,
Par les prés et bosquets
Pour faire leurs bouquets
Ont pillé les fleurettes.
Sus donc, allons à coup

Ce peu de temps durant,
Ce nous sera beaucoup
D'avoir leur demeurant :
Le grain est dû à ceux
Que diligence guide,
La paille toute vide
Est pour les paresseux.
Maints plaisirs sans cela
Se montreront à nous,
Nous verrons çà et là
L'herbe jusqu'aux genoux ;
Chardonnets et linottes,
Tourtres ès hauts ormeaux,
Tarins sur les rameaux
Sonneront gaies notes.
Là nous jugerons bien
Des fruits de cette année
Et pourrons voir combien
Montera la vinée :
Car au dit de tous hommes
Ce qui est en la grappe,
Est force qu'il échappe,
Vu le temps où nous sommes.
Nous verrons ès vergers
Fruits verdelets sans nombre,
D'autre part les bergers
Se reposer en l'ombre :
Et les chèvres barbues
Les buissons brouteront,
Les chevreaux sauteront
Es prairies herbues.
Nous verrons le ruisseau
Es prés faisant son tour,
Avec maint arbrisseau
Planté tout alentour :
Mais tant soit clair et souef,
Si n'en boirons nous point

De bon vin mieux à point
Etancherons la soif.
    Une bouteille pleine
De ce bon vin bourgeois
Nous ôtera de peine
En ces lieux villageois :
Autrement que seroit-ce ?
Le gendarme endurci
N'a eu aucun merci
De bourg ni de paroisse.
    Le ravage sans règle
A défoncé les muids,
Orge, froment et seigle
Leur ont été détruits :
Portons donc des poulets
Et quelque gras jambon,
Pour trouver le vin bon
Dedans les gobelets.
    Ce temps d'étrange sorte
Bien doit être tenu,
Puisqu'aux champs on reporte
Ce qui en est venu :
Jadis, tout au rebours,
Laboureurs florissaient
Alors qu'ils fournissaient
La ville et les faubourgs.
    Or le temps reviendra,
En dépit de rigueur,
Qu'aux champs on se tiendra
En joie et en vigueur :
Nous y ferons séjour
Lors sans mélancolie,
Mais ores c'est folie
D'y être plus d'un jour.

(*Œuvres poétiques*, 1547)

## A CEUX QUI BLÂMENT LES MATHÉMATIQUES

Tant plus je vois que vous blâmez
Si noble discipline,
Plus à l'aimer vous enflammez
Ma volonté encline.
Car ce qui a moins de suivants
D'autant plus il est rare
Et est la chose entre vivants
Dont on est plus avare.
Il n'est pas en notre puissance
Qu'y soyez adonnés :
Car le ciel dès votre naissance
Vous en a détournés.
Ou ayant persuasion
Que tant la peine en coûte,
Est la meilleure occasion
Qui tant vous en dégoûte.
Le ciel orné de tels flambeaux
N'est-il point admirable ?
La notice de corps si beaux
N'est-elle désirable ?
Du céleste ouvrage l'objet
Si vrai et régulier
N'est-il sur tout autre sujet
Beau, noble et singulier ?
N'est-ce rien d'avoir pu prévoir
Par les cours ordinaires

L'éclipse que doit recevoir
L'un des deux luminaires ?
D'avoir su par vraies pratiques
Les aspects calculer ?
Et connaître les erratiques
Marcher ou reculer ?
Toutefois il n'est jà besoin
Que tant fort je la loue,
Vu que je n'ai vouloir ni soin
De ce que l'on m'avoue.
Car que chaut-il à qui l'honore
Qu'elle soit contemnée ?
Science de cil qui l'ignore
Est toujours condamnée.
Assez regarde l'indocte homme
Du ciel rond la ceinture,
Mais il s'y connaît ainsi comme
L'aveugle en la peinture.
Celui qui a l'âme ravie
Par les cieux va et passe
Et souvent voit durant sa vie
D'en haut la terre basse.
Cette science l'homme cueille
Alors qu'il imagine
La facture et grande merveille
De la ronde machine.
C'est celle par qui mieux s'apprenne
L'immense Déité
Et qui des athées reprenne
L'erreur et vanité.

(*Œuvres poétiques*, 1547)

# PERNETTE DU GUILLET

1520 ?-1545

Avant d'épouser Monsieur du Guillet, cette belle jeune fille érudite avait rencontré Maurice Scève, dont elle anagrammatise le nom en *VICE A SE MUER* ou *CE VICE MUERAS* ; à ses dizains, elle répond par d'autres poèmes, comme le lecteur le verra en se référant aux strophes 136, 104, 355 et 60 de la *Délie* ; s'il fait d'elle une déesse nocturne, elle le nomme « mon Jour ». Quoiqu'elle n'ignore rien de l'alchimie verbale des sentiments ni de la puissance morale de l'abstraction poétique, son œuvre, qu'une mort prématurée laisse dans le désordre de l'inachèvement, présente une fraîcheur et une intimité qui contrastent avec le ton de la *Délie*. Sa spontanéité, qui s'exprime aussi dans de merveilleux coq-à-l'âne, trop longs pour être reproduits ici, s'accompagne d'une grande délicatesse et d'une authentique préoccupation de l'autre, trop souvent absente chez les amoureux littéraires. Sa présence discrète contribue à enrichir une aventure sentimentale et poétique sans équivalent.

Son éditeur posthume (1545) ne se trompa pas en intitulant le recueil de ses poèmes : *Rimes de gentille et vertueuse dame D. Pernette du Guillet, lyonnaise.*

**Œuvre essentielle :**

*Rimes,* 1545. Réédition 1953.

# RIMES

L'heur de mon mal, enflammant le désir,
Fit distiller deux cœurs en un devoir :
Dont l'un est vif pour le doux déplaisir
Qui fait que Mort tient l'autre en son pouvoir.
Dieu aveuglé, tu nous as fait avoir
Du bien le mal en effet honorable :
Fais donc aussi que nous puissions avoir
En nos esprits contentement durable.

☆

Pour contenter celui qui me tourmente
Chercher ne veux remède à mon tourment :
Car, en mon mal voyant qu'il se contente,
Contente suis de son contentement.

☆

Soit que par égale puissance
L'affection et le désir
Débattent de la jouissance
Du bien dont se veulent saisir :
Si vous voulez leur droit choisir
Vous trouverez sans fiction
Que le désir en tout plaisir
Suivra toujours l'affection.

☆

Je suis la Journée,
Vous, Ami, le Jour,
Qui m'a détournée
Du fâcheux séjour.
D'aimer la Nuit certes je ne veux point,
Pource qu'à vice elle vient toute à point :
Mais à vous toute être
Certes je veux bien,
Pource qu'en votre être
Ne gît que tout bien.

Là où en ténèbres
On ne peut rien voir
Que choses funèbres,
Qui font peur avoir,
On peut de nuit encor se réjouir
De leurs amours faisant amants jouir :
Mais la jouissance
De folle pitié
N'a point de puissance
Sur notre amitié

Vu qu'elle est fondée
En prospérité
Sur Vertu sondée
De toute équité.
La nuit ne peut un meurtre déclarer
Comme le jour, qui vient à éclairer
Ce que la nuit cache,
Faisant mille maux,
Et ne veut qu'on sache
Ses tours fins et cauts.

La nuit la paresse
Nourrit, qui tant nuit :
Et le jour nous dresse
Au travail, qui duit.

O heureux jour, bien te doit estimer
Celle qu'ainsi as voulu allumer,
    Prenant toujours cure
    Réduire à clarté
    Ceux que nuit obscure
    Avait écarté !

    Ainsi éclairée
    De si heureux jour,
    Serai assurée
    De plaisant séjour.

*(Rimes,* 1545)

## DÉSESPOIR

*traduit de la prose du parangon italien*

Si c'est Amour, pourquoi m'occit-il donc,
Qui tant aimai et haïr ne sus onc ?
Et s'il m'occit, pourquoi plus outre vis ?
Et si ne vis, pourquoi sont mes devis
De désespoir et de plaints tout confus ?
Meilleur m'était, soudain que né je fus,
De mourir tôt que de tant vivre, même
Que mortel suis ennemi de moi-même :
Et ne puis, las, ne puis vouloir bien,
Ne voulant celle en qui gît l'espoir mien :
Et ne puis rien, fors ce que veut la dame
De qui suis serf de cœur, de corps et d'âme.
(...) Pour moi ne vois remède suffisant
Ni pour ma peine aucun moyen duisant :
Car mon désir a peur de désirer,
Qui tant plus croît, tant plus fait empirer
Ce mien espoir, qui peu à peu me faut
Et toutefois en moi point ne défaut
Ni s'amoindrit ma grande passion,
Mais toujours croît par obstination. (...)

(*Rimes,* 1545)

# PONTUS DE TYARD

1521-1605

Né à Bissy-sur-Fley dans une noble famille, Pontus de Tyard, après ses études parisiennes, deviendra chanoine à Mâcon, en 1562. Mais, entre-temps, il a commencé d'écrire ses *Erreurs amoureuses* : il en publie les trois livres en 1549, 1551 et 1555, respectivement. Il traduit aussi les *Dialogues de l'amour* de Léon Hébreu et rédige des œuvres philosophiques d'inspiration platonicienne, *les Solitaires*. Ami de Scève et admirateur de Ronsard, il fréquente comme Jodelle le cercle de la comtesse de Retz. C'est alors qu'il publie ses *Nouvell'Œuvres poétiques* (1573), sans rien abandonner de ses savantes recherches (*Premier Curieux*, 1578). Devenu évêque de Chalon-sur-Saône en 1578, il meurt en 1605.

**Œuvres essentielles :**

Premier Livre des *Erreurs amoureuses*, 1549. Réédition 1966.
Deuxième Livre des *Erreurs amoureuses*, 1551. Réédition 1966.
Troisième Livre des *Erreurs amoureuses*, 1555. Réédition 1966.
*Livre de vers lyriques*, 1555. Réédition 1966.
*Nouvell'Œuvres poétiques*, 1573. Réédition 1966.

# DEUXIÈME LIVRE DES ERREURS AMOUREUSES

2

Je n'ai encor de la sainte eau su boire
Dessous le pied du prompt cheval des cieux :
Ni le doux songe a repu mes deux yeux,
Au double mont, des filles de Mémoire.
Mais j'ose bien (soit ma honte ou ma gloire)
Me confesser du grand vainqueur des dieux
(Des jeunes cœurs le souci gracieux)
Etre vaincu en superbe victoire.
C'est donc d'Amour la poison aigre-douce
Qui en fureur poétique me pousse
Pour consacrer mes vers sur son autel.
Pourrais-je aussi sur une aile plus forte
Que celle-là que le petit dieu porte
Hausser mon vol louable et immortel ?

(Deuxième Livre des *Erreurs amoureuses,* 1551)

## TROISIÈME LIVRE DES ERREURS AMOUREUSES

4

Père divin, sapience éternelle,
Commencement et fin de toute chose,
Où en portrait indélèble repose
De l'univers l'Idée universelle :
Vois de tes rais la plus belle étincelle
Qui soit çà-bas en corps humain enclose,
Que la trop fière impiteuse Parque ose
Tirer du clos de sa cendre mortelle.
Donc de mon feu pourra la flamme claire,
Qui à vertu heureusement m'éclaire,
Me délaisser en ténébreuse plainte ?
Ah non : plutôt pleuve la cruauté
Du ciel sur moi, que voir cette clarté
De mon soleil avant son soir éteinte.

10

Œil éloigné du jour qui te recrée,
Comme, en l'obscur d'une nuée épaisse,
Peux-tu tirer une si vive espèce
D'un corps non corps qui vainement se crée ?
Cœur martelé, quelle Eride est entrée
Dedans ton fort ? quelle pâle crainte est-ce
Qui d'engendrer ta ruine te presse
Et d'allaiter la fère de Matrée ?
Tourne avec moi, tourne avec moi, mon œil :
Le moindre rai de notre beau soleil
Chassera l'ombre et le ténébreux songe.
Courage, ô cœur, courage où je te mène :
Un ris serein, un autre fils d'Alcmène,
Assommera la fère qui te ronge.

(Troisième Livre des *Erreurs amoureuses*, 1555)

## LIVRE DE VERS LYRIQUES

### ODE 2

### AU JOUR DES BACCHANALES

(...) Quel accord discordant bruit,
S'entremêle et s'entrefuit,
Qui mes esprits épouvante ?
Evohè, j'entends au son
La frémissante chanson
De la folle troupe évante.

Je l'entends sortir du bois :
J'ois, j'ois les bacchiques voix
Des cors enroués, qui tonnent :
Je vois neuf célestes sœurs
Ivres des saintes liqueurs,
Qui ce triomphe environnent.

Voilà la brusque terreur
Et la joyeuse fureur
Flanc à flanc à ce char jointes.
Te voici, ô dieu qui fais
Dessous ton humide faix
Plier les nerveuses jointes.

La superbe majesté,
La force et la gravité
Et la chaste continence

Sont sous le joug de tes lois :
Et les sages et les rois,
Le murmure et le silence.

La sanglante cruauté,
L'odieuse vérité,
L'obscur oubli, la mémoire,
La discorde et l'amitié,
La rigueur et la pitié
Accompagnent ta victoire.

O fils, ô père des dieux,
Cornu, vengeur, radieux,
Martien, piteux, satyre,
Tu me vaincs : hoh, je sens bien
Comme est puissant le lien
Qui sous ton pouvoir m'attire.

Cette fureur qui me point,
Pourtant n'énervera point
En moi le prompt vouloir mâle :
Je veux, si tu le permets,
Me vouer d'être à jamais
Ton plus viril ithyphalle. (...)

(*Livre de vers lyriques*, 1555)

ODE

LES ROSES DE SON ÎLE

L'Aurore, qui se mignardait
En dénouant ses cheveux blonds,
Derrièr'soi Phébus regardait,
Jà-jà lui pressant les talons :
Et, au souvenir de Céphale,
Sur son teint vermeillement pâle,
Pleurait doucement la rosée,
Dont cette île était arrosée,

Quand pour fuir à la fraîcheur
Le feu qui m'accompagne et suit,
Couché dessus ce bord pêcheur,
Las d'une languissante nuit,
Montant ma lyre lydienne
Au chant de Progne et Philomenne,
Je vis mille fleurantes roses
Ou entrouvertes ou décloses.

Un petit alabâtre vert,
Un petit cylindrin bouton
Je vis béant, et entrouvert
Aux pleurs de la femme à Tithon,
Je vis, par une verte jointe,
Une petite blanche pointe,
Puis une rouge, un peu mieux née,
En obélisque façonnée.

Je vis d'une égale rondeur
Cinq petits doigts fermants un clos,
Où vingt feuillons crêpés en cœur
Etaient mignonnement enclos :
Là de cinabre, là d'albâtre,
Se creusait un petit théâtre,
Une petite forme expresse
Du gélasin de ma maîtresse.

J'en vis une autre qui ouvrait
Le sein de son plus beau trésor
Et, en son centre, découvrait
Vingt petites flamèches d'or,
Enceintes de feuilles vermeilles,
Au teint de ma nymphe pareilles,
Quand une gaie honte assemble
Et sa neige et son nacre ensemble.

Une autre à grand peine naissait,
M'y montrant un petit brin blanc,
Qu'une épine lui transperçait
Cruellement le gauche flanc.
Plus languissamment est penchée,
Plus la point l'épine accrochée :
Et tant plus de sortir essaie,
Plus, plus croît la meurtrière plaie.

La blanche et la rouge je vis,
Qui l'une et l'autre se courbaient,
Et le teint naïf des rubis
Et du lait s'entre-dérobaient :
La blanche prit de sa voisine
Un peu de couleur cramoisine :
Et d'une blancheur délicate,
La rouge se fit incarnate.

Ha ! ha ! que j'idolâtre en vain
Cette mignarde nouveauté !
La première pillarde main
(Dis-je) ravit cette beauté :
Beauté de frêle destinée,
Ore vive et ore fanée :
Beauté (belles) qui vous assure
Que votre beauté bien peu dure.

*(Livre de vers lyriques,* 1555*)*

# NOUVELL'ŒUVRES POÉTIQUES

6

Père du doux repos, Sommeil père du songe,
Maintenant que la nuit, d'une grande ombre obscure,
Fait à cet air serein humide couverture,
Viens, Sommeil désiré, et dans mes yeux te plonge.
 Ton absence, Sommeil, languissamment allonge
Et me fait plus sentir la peine que j'endure.
Viens, Sommeil, l'assoupir et la rendre moins dure,
Viens abuser mon mal de quelque doux mensonge.
 Jà le muet Silence un escadron conduit
De fantômes, ballants dessous l'aveugle nuit,
Tu me dédaignes seul, qui te suis tant dévôt.
 Viens, Sommeil désiré, m'environner la tête,
Car, d'un vœu non menteur, un bouquet je t'apprête
De ta chère morelle et de ton cher pavot.

7

Sommeil, fils de la nuit, faveur chère à nos yeux,
Ores que le soleil nous ôte son usage,
Que le garçon troyen élève son image
Sur nous, au ciel percé de mille et mille feux :
Viens assommer en moi le travail soucieux
Et m'amène Morphé, qui, d'un feint personnage
Trompeur, me fasse voir l'angélique visage
De celle en qui mon heur voit son pis et son mieux.
Hé, Sommeil, qu'attends-tu, ne viens-tu pas encore ?
Jà la blanche Vénus traîne avec soi l'Aurore
Qui tout notre orient teint d'une couleur rouge.
Ha, tardif ! jà Phébus ta noire mère efface,
Jà vers Témistitan sous la Terre il te chasse,
L'opiniâtre peine, hélas ! de moi ne bouge.

(*Nouvell'Œuvres poétiques*, 1573)

## ELÉGIE À PIERRE DE RONSARD

(...) Cependant que Phébus repose ses chevaux,
Suants et las encor des journaliers travaux :
Et que les oiseaux peints reposent sur les arbres :
Et les poissons muets sur les liquides marbres :
Que cent tours retournés en cent discours divers
M'ont les yeux éplorés des paupières couverts,
Afin qu'un doux repos (le doux efface-peines)
Coule en mes os brisés et en mes vides veines :
Sur mon travail veillant, le sommeil, fait vainqueur,
D'un dormir travaillant me réveille le cœur :
Et bien que le corps lent étendu ne labeure
L'esprit vif (las ! trop vif) sans travail ne demeure :
Car plus celui se lâche en l'image d'un mort,
Plus cestui va en soi recueillant son effort
Pour assurer la peur que lui font mille formes
Desquelles aux dormants, Morphé, tu te transformes.
Ores il m'est avis qu'un étranger vaisseau
M'envole ma maîtresse et que, du bord de l'eau,
J'ois son cri m'appelant pour quelque aide lui faire :
« Adieu ! l'on m'ôte à toi, adieu, mon Solitaire ! »
Lors, lui voulant répondre et au secours courir,
Je me sens et la langue et les jambes mourir.
Et plus clair j'aperçois qu'on l'emmène captive,
A l'éperon du cœur la force est plus rétive.
Onc éclair plus soudain parmi l'air ne fuit

Que l'idole trompeur de moi s'évanouit,
Que cette vaine horreur de fumée s'efface,
Pour en me retrompant faire à une autre place :
Et me faire apparoir qu'un adversaire sien
L'enchaînant par le corps : « or, dit-il, je te tiens
Pour mieux saouler mon ire, esclave de la peine. »
Et ainsi le cruel avecque soi l'entraîne,
Malgré mon vain désir fantastic, qui poursuit,
De bras et de pieds morts, le fantasme qui fuit
Auprès d'un roc lavé d'une lente rivière,
Où me renaît encor une autre horreur plus fière,
D'un lion qui la va entière dévorant,
Excepté (las ! hélas !) le seul esprit errant,
Qui d'un long cri plaintif un mot douteux m'écrie :
« Ha, perds ! Ah ! ne perds pas avecques moi ta vie. »
Ce mot obscur de moi déchasse le sommeil,
Me laissant le front mol et le visage et l'œil,
Et la bouche enfiellée, et les débiles membres
Lâchement étendus dessus les plumes tendres,
Impatient au lit du paresseux repos,
Bien qu'un devoir nerveux me refusent les os. (...)

*(Nouvell'Œuvres poétiques,* 1573*)*

# JOACHIM DU BELLAY

1522-1560

Né à Liré, bientôt orphelin, il étudie le droit à Poitiers, où il fait la connaissance de Peletier du Mans, qui encourage sa vocation poétique. Il rencontre Ronsard en 1547 et le suit à Paris, où il poursuivra ses études latines tout en s'initiant au grec et à l'italien, sous la direction du savant Dorat. Dès 1549, il publie la *Défense et illustration de la langue française* et donne une première édition de *L'Olive*; mais sa fierté d'avoir introduit en France la manière pétrarquiste ne tardera pas à se teinter d'une amertume qu'avive la multiplicité de ses imitateurs envieux et que nourrit une exigence toute platonisante : les additions à son livre en témoignent dans la deuxième édition (1550).

Malgré la maladie qui le torture et le désespère, et qui causera sa surdité, il a en outre dédié un *Recueil de Poésies* à Marguerite de France, traduit des passages de Virgile et d'Ovide, rédigé ses *Inventions*, parmi lesquelles les *XIII sonnets de l'honnête amour* (1552).

C'est en 1553 qu'il suit à Rome son illustre parent, le cardinal Jean du Bellay, qui le charge de basses besognes d'intendance. La mauvaise santé, le dégoût que suscitent en lui les mœurs romaines, la nostalgie, ainsi peut-être qu'une expresse adhésion à la veine saturnienne lui interdisent de s'intéresser à la ville de Bramante, de Raphaël et de Michel-Ange, non plus qu'aux récentes découvertes archéologiques : il exhale dans *Les Regrets* une mélancolie non exempte d'intolérance chauvine et *Les Antiquités de Rome* le conduisent de la déploration des grandeurs latines à une méditation sur l'histoire et le temps, qui prend dans le « Songe » une tournure délibérément apocalyptique. En revanche, les *Divers Jeux rustiques* témoignent de la richesse de ses talents et de ses curiosités ; admirateur de la littérature italienne (Arioste, Arétin, Caro), il n'en participe pas moins à la renaissance de la poésie latine, traduisant Naugerius et écrivant des *Poemata* qui font écho aux *Regrets* et aux *Antiquités*, mais sacrifient aussi au lyrisme amoureux.

C'est de retour à Paris qu'il publiera, en 1558, les quatre chefs-d'œuvre mûris dans l'exil. Il meurt en 1560, plongé dans l'inquiétude et presque la misère depuis la mort de son protecteur Henri II.

**Œuvres essentielles :**

*L'Olive*, 1549-1550. Réédition 1931.
*Le Recueil* (ou *Recueil de poésies ?*), 1549. Réédition 1931.
*Les Regrets*, 1558. Réédition 1967.
*Les Antiquités de Rome*, 1558. Réédition 1967.
*Divers Jeux rustiques*, 1558. Réédition 1947.

# L'OLIVE

81

Celle qui tient l'aile de mon désir,
Par un seul ris achemine ma trace
Au paradis de sa divine grâce,
Divin séjour du dieu de mon plaisir.
Là les amours volent tout à loisir,
Là est l'honneur engravé sur sa face,
Là les vertus, ornement de sa race,
Là les beautés qu'au ciel on peut choisir.
Mais si d'un œil foudroyant elle tire
Dessus mon chef quelque trait de son ire,
J'abîme au fond de l'éternelle nuit.
Là n'est ma soif aux ondes périssante,
Là mon espoir et se fuit et se suit,
Là meurt sans fin ma peine renaissante.

82

Vous qui aux bois, aux fleuves, aux campaignes,
A cri, à cor et à course hâtive
Suivez des cerfs la trace fugitive,
Avec Diane et les Nymphes compaignes :
Et toi, ô dieu ! qui mon rivage baignes,

As-tu point vu une Nymphe craintive,
Qui va menant ma liberté captive
Par les sommets des plus hautes montaignes ?
Hélas, enfants ! si le sort malheureux
Vous montre à nu sa cruelle beauté,
Que telle ardeur longuement ne vous tienne.
Trop fut celui chasseur aventureux
Qui de ses chiens sentit la cruauté
Pour avoir vu la chaste Cynthienne.

83

Déjà la nuit en son parc amassait
Un grand troupeau d'étoiles vagabondes
Et, pour entrer aux cavernes profondes,
Fuyant le jour, ses noirs chevaux chassait.
Déjà le ciel aux Indes rougissait
Et l'aube encor, de ses tresses tant blondes
Faisant grêler mille perlettes rondes,
De ses trésors les prés enrichissait :
Quand d'Occident, comme une étoile vive,
Je vis sortir dessus ta verte rive,
O fleuve mien ! une nymphe en riant.
Alors, voyant cette nouvelle Aurore,
Le jour honteux d'un double teint colore
Et l'angevin et l'indique orient.

112

Dedans le clos des occultes Idées,
Au grand troupeau des âmes immortelles,
Le Prévoyant a choisi les plus belles,
Pour être à lui par lui-même guidées.

Lors peu à peu devers le ciel guindées
Dessus l'engin de leurs divines ailes,
Volent au sein des beautés éternelles,
Où elles sont de tout vice émondées.
Le Juste seul ses élus justifie,
Les réanime en leur première vie
Et à son fils les fait quasi égaux.
Si donc le ciel est leur propre héritage,
Qui les pourra frauder de leur partage
Au point qui est l'extrême de tous maux ?

113

Si notre vie est moins qu'une journée
En l'éternel, si l'an qui fait le tour
Chasse nos jours sans espoir de retour,
Si périssable est toute chose née,
Que songes-tu, mon âme emprisonnée ?
Pourquoi te plaît l'obscur de notre jour,
Si pour voler en un plus clair séjour
Tu as au dos l'aile bien empennée ?
Là est le bien que tout esprit désire,
Là, le repos où tout le monde aspire,
Là est l'amour, là, le plaisir encore.
Là, ô mon âme, au plus haut ciel guidée,
Tu y pourras reconnaitre l'Idée
De la beauté, qu'en ce monde j'adore.

114

Arrière, arrière, ô méchant populaire,
O que je hais ce faux peuple ignorant !

Doctes esprits, favorisez les vers
Que veut chanter l'humble prêtre des Muses.
Te plaise donc, ma reine, ma déesse,
De ton saint nom les immortaliser,
Avec celui qui au temple d'Amour
Baise les pieds de ta divine image.
O toi qui tiens le vol de mon esprit,
Aveugle oiseau, dessille un peu tes yeux,
Pour mieux tracer l'obscur chemin des nues.
Et vous, mes vers, délivres et légers,
Pour mieux atteindre aux célestes beautés,
Courez par l'air d'une aile inusitée.

(*L'Olive,* 1549-1550)

# RECUEIL DE POÉSIES

*A Mercure et à sa lyre*
*pour adoucir la cruauté de sa dame*

## ODE 14

Neveu d'Atlas, qui donnas le pouvoir
Au vieil Thébain des pierres émouvoir,
Et toi encor, ô coquille dorée,
Des plus grands rois au vieux siècle adorée,
Montre-moi les accords
Des accordants discords,
Dont ma douce ennemie
Se puisse émerveiller
Et fasse réveiller
Son oreille endormie.
Ell'fuit ainsi que la jeune jument
Qui va l'ardeur des chevaux allumant
Deçà, delà, jouant par les campagnes
Ou sur le dos des prochaines montagnes.
Des noces le doux point
Encore ne la point
(La sauvage et farouche) ;
Mais d'un pied non oisif
Fuit le mari lascif,
De peur qu'il ne la touche.
Tu peux mener les compagnes forêts,

Tigres, lions te vont suivant de près :
Et sous ton chant les rivières bruyantes
Haussent la bride à leurs ondes fuyantes.
Le portier aboyant
Tes chansons fut oyant,
Bien que sa tête porte
Serpents pleins de laideur
Et que puante odeur
De ses trois gueules sorte.
Le grand Tytie à l'œil fier et hideux
Et Ixion rirent en dépit d'eux :
La roue aussi qui jamais ne s'arrête,
Avec la pierre à t'écouter fut prête.
La douceur de ta voix
Arrêta quelquefois
Le bussard toujours vide,
Cependant que chantant
Tu allais ébattant
La race danaïde.
Ecoute donc de ces vierges ici
La cruauté, et les tourments aussi,
Celle qui m'est en plus cruelle peine
Qu'à leurs maris cette gent inhumaine ;
Dont l'une seulement,
Qui mentit noblement,
A son père infidèle,
Valait bien que le fruit
De nuptiale nuit
Ne fût éloigné d'elle.
« Sus, lève-toi (tout bas dit-elle adonc
Au jeune époux), que ton sommeil trop long
Tout maintenant par la tourbe cruelle
Ne soit mué en nuit perpétuelle !
Déjà toutes ont mis
Leurs époux endormis
A mort (les inhumaines) :
La lionne courant

Ainsi va dévorant
Les veaux parmi les plaines.
Moi, que pitié et l'amour de toi point,
O mon ami ! je ne t'occirai point :
Hâte-toi donc, ta vie, hélas, je n'ose
Tenir ici plus longuement enclose.
Soient de pesants liens
Chargés les membres miens,
Ou fasse que j'endure
Exil perpétuel
Le mien père cruel,
Pour n'avoir été dure !
Fuis derechef où le vent te conduit,
Fuis cependant que Vénus et la nuit
Donnent faveur à ta course hâtive :
Je demeur'rai en ta place captive.
Sur mon sépulcre au moins
Grave ces pleurs, témoins
De mon amour extrême :
Témoins dorénavant
Que je t'ai fait vivant
Par la mort de moi-même. »

(*Recueil de poésies*, 1549)

# LES REGRETS

5

Ceux qui sont amoureux, leurs amours chanteront,
Ceux qui aiment l'honneur, chanteront de la gloire,
Ceux qui sont près du roi, publieront sa victoire,
Ceux qui sont courtisans, leurs faveurs vanteront,
Ceux qui aiment les arts, les sciences diront,
Ceux qui sont vertueux, pour tels se feront croire,
Ceux qui aiment le vin, deviseront de boire,
Ceux qui sont de loisir, de fables écriront,
Ceux qui sont médisants, se plairont à médire,
Ceux qui sont moins fâcheux, diront des mots pour rire,
Ceux qui sont plus vaillants, vanteront leur valeur,
Ceux qui se plaisent trop, chanteront leur louange,
Ceux qui veulent flatter, feront d'un diable un ange :
Moi qui suis malheureux, je plaindrai mon malheur.

6

Las, où est maintenant ce mépris de Fortune ?
Où est ce cœur vainqueur de toute adversité,
Cet honnête désir de l'immortalité
Et cette honnête flamme au peuple non commune ?

Où sont ces doux plaisirs qu'au soir sous la nuit brune
Les Muses me donnaient, alors qu'en liberté
Dessus le vert tapis d'un rivage écarté
Je les menais danser aux rayons de la lune ?
Maintenant la Fortune est maîtresse de moi,
Et mon cœur, qui soulait être maître de soi,
Est serf de mille maux et regrets qui m'ennuient.
De la postérité je n'ai plus de souci,
Cette divine ardeur, je ne l'ai plus aussi,
Et les Muses de moi, comme étranges, s'enfuient.

9

France, mère des arts, des armes et des lois,
Tu m'as nourri longtemps du lait de ta mamelle :
Ores, comme un agneau qui sa nourrice appelle,
Je remplis de ton nom les antres et les bois.
Si tu m'as pour enfant avoué quelquefois,
Que ne me réponds-tu maintenant, ô cruelle ?
France, France, réponds à ma triste querelle :
Mais nul, sinon Echo, ne répond à ma voix.
Entre les loups cruels j'erre parmi la plaine,
Je sens venir l'hiver, de qui la froide haleine
D'une tremblante horreur fait hérisser ma peau.
Las, tes autres agneaux n'ont faute de pâture,
Ils ne craignent le loup, le vent ni la froidure :
Si ne suis-je pourtant le pire du troupeau.

12

Vu le soin ménager dont travaillé je suis,
Vu l'importun souci qui sans fin me tourmente,
Et vu tant de regrets desquels je me lamente,

Tu t'ébahis souvent comment chanter je puis.
Je ne chante (Magny), je pleure mes ennuis
Ou, pour le dire mieux, en pleurant je les chante,
Si bien qu'en les chantant souvent je les enchante :
Voilà pourquoi (Magny) je chante jours et nuits.
Ainsi chante l'ouvrier en faisant son ouvrage,
Ainsi le laboureur faisant son labourage,
Ainsi le pèlerin regrettant sa maison,
Ainsi l'aventurier en songeant à sa dame,
Ainsi le marinier en tirant à la rame,
Ainsi le prisonnier maudissant sa prison.

13

Maintenant je pardonne à la douce fureur
Qui m'a fait consumer le meilleur de mon âge
Sans tirer autre fruit de mon ingrat ouvrage
Que le vain passe-temps d'une si longue erreur.
Maintenant je pardonne à ce plaisant labeur
Puisque seul il endort le souci qui m'outrage
Et puisque seul il fait qu'au milieu de l'orage,
Ainsi qu'auparavant, je ne tremble de peur.
Si les vers ont été l'abus de ma jeunesse,
Les vers seront aussi l'appui de ma vieillesse :
S'ils furent ma folie, ils seront ma raison;
S'ils furent ma blessure, ils seront mon Achille,
S'ils furent mon venin, le scorpion utile
Qui sera de mon mal la seule guérison.

31

Heureux qui, comme Ulysse, a fait un beau voyage,
Ou comme cestui-là qui conquit la Toison,
Et puis est retourné, plein d'usage et raison,

Vivre entre ses parents le reste de son âge !
Quand reverrai-je, hélas, de mon petit village
Fumer la cheminée : et en quelle saison
Reverrai-je le clos de ma pauvre maison,
Qui m'est une province et beaucoup davantage ?
Plus me plaît le séjour qu'ont bâti mes aïeux
Que des palais romains le front audacieux :
Plus que le marbre dur me plaît l'ardoise fine,
Plus mon Loire gaulois que le Tibre latin,
Plus mon petit Liré que le mont Palatin
Et plus que l'air marin la douceur angevine.

32

Je me ferai savant en la philosophie,
En la mathématique et médecine aussi :
Je me ferai légiste et, d'un plus haut souci,
Apprendrai les secrets de la théologie :
Du luth et du pinceau j'ébatterai ma vie,
De l'escrime et du bal. Je discourais ainsi
Quand je changeai la France au séjour d'Italie.
O beaux discours humains ! Je suis venu si loin
Pour m'enrichir d'ennui, de vieillesse et de soin
Et perdre en voyageant le meilleur de mon âge.
Ainsi le marinier souvent pour tout trésor
Rapporte des harengs en lieu de lingots d'or,
Ayant fait, comme moi, un malheureux voyage.

79

Je n'écris point d'amour, n'étant point amoureux,
Je n'écris de beauté, n'ayant belle maîtresse,
Je n'écris de douceur, n'éprouvant que rudesse,
Je n'écris de plaisir, me trouvant douloureux :

Je n'écris de bonheur, me trouvant malheureux,
Je n'écris de faveur, ne voyant ma Princesse,
Je n'écris de trésors, n'ayant point de richesse,
Je n'écris de santé, me sentant langoureux :
Je n'écris de la cour, étant loin de mon Prince,
Je n'écris de la France en étrange province,
Je n'écris de l'honneur, n'en voyant point ici :
Je n'écris d'amitié, ne trouvant que feintise,
Je n'écris de vertu, n'en trouvant point aussi,
Je n'écris de savoir, entre les gens d'Eglise.

80

Si je monte au Palais, je n'y trouve qu'orgueil,
Que vice déguisé, qu'une cérémonie,
Qu'un bruit de tambourins, qu'une étrange harmonie
Et de rouges habits un superbe appareil :
Si je descends en banque, un amas et recueil
De nouvelles je treuve, une usure infinie,
De riches Florentins une troupe bannie
Et de pauvres Siennois un lamentable deuil :
Si je vais plus avant, quelque part où j'arrive,
Je treuve de Vénus la grand bande lascive,
Dressant de tous côtés mille appas amoureux :
Si je passe plus outre et de la Rome neuve
Entre en la vieille Rome, adonques je ne treuve
Que de vieux monuments un grand monceau pierreux.

81

Il fait bon voir (Paschal) un conclave serré,
Et l'une chambre, à l'autre également voisine,
D'antichambre servir, de salle et de cuisine,

En un petit recoin de dix pieds en carré :
Il fait bon voir autour le Palais emmuré,
Et briguer là-dedans cette troupe divine,
L'un par ambition, l'autre par bonne mine,
Et par dépit de l'un être l'autre adoré.
Il fait bon voir dehors toute la ville en armes
Crier « le Pape est fait », donner de faux alarmes,
Saccager un palais : mais, plus que tout cela,
Fait bon voir qui de l'un, qui de l'autre se vante,
Qui met pour cestui-ci, qui met pour cestui-là,
Et pour moins d'un écu dix cardinaux en vente.

82

Veux-tu savoir (Du Thier) quelle chose c'est Rome ?
Rome est de tout le monde un public échafaud,
Une scène, un théâtre, auquel rien ne défaut
De ce qui peut tomber ès actions de l'homme.
Ici se voit le jeu de la Fortune et comme
Sa main nous fait tourner ores bas, ores haut :
Ici chacun se montre et ne peut, tant soit caut,
Faire que tel qu'il est le peuple ne le nomme.
Ici du faux et vrai la messagère court,
Ici les courtisans font l'amour et la cour,
Ici l'ambition et la finesse abonde :
Ici la liberté fait l'humble audacieux,
Ici l'oisiveté rend le bon vicieux,
Ici le vil faquin discourt des faits du monde.

*(Les Regrets,* 1558)

# LES ANTIQUITÉS DE ROME

1

Divins esprits, dont la poudreuse cendre
Gît sous le faix de tant de murs couverts,
Non votre los, qui vif par vos beaux vers
Ne se verra sous la terre descendre,
Si des humains la voix se peut étendre
Depuis ici jusqu'au fond des enfers,
Soient à mon cri les abîmes ouverts
Tant que d'abas vous me puissiez entendre.
Trois fois cernant sous le voile des cieux
De vos tombeaux le tour dévotieux,
A haute voix trois fois je vous appelle :
J'invoque ici votre antique fureur
En ce pendant que d'une sainte horreur
Je vais chantant votre gloire plus belle.

10

Plus qu'aux bords aetéans le brave fils d'Eson,
Qui par enchantement conquit la riche laine,
Des dents d'un vieil serpent ensemençant la plaine
N'engendra de soldats au champ de la Toison,
Cette ville, qui fut en sa jeune saison

Un hydre de guerriers, se vit bravement pleine
De braves nourrissons dont la gloire hautaine
A rempli du soleil l'une et l'autre maison :
    Mais qui finalement, ne se trouvant au monde
Hercule qui domptât semence tant féconde,
D'une horrible fureur l'un contre l'autre armés,
    Se moissonnèrent tous par un soudain orage,
Renouvelant entre eux la fraternelle rage
Qui aveugla jadis les fiers soldats semés.

15

    Pâles esprits, et vous, ombres poudreuses,
Qui jouissant de la clarté du jour
Fîtes sortir cet orgueilleux séjour,
Dont nous voyons les reliques cendreuses :
    Dites, esprits (ainsi les ténébreuses
Rives de Styx non passable au retour,
Vous enlaçant d'un trois fois triple tour,
N'enferment point vos images ombreuses),
    Dites-moi donc (car quelqu'une de vous
Possible encor se cache ici dessous)
Ne sentez-vous augmenter votre peine,
    Quand quelquefois de ces coteaux romains
Vous contemplez l'ouvrage de vos mains
N'être plus rien qu'une poudreuse plaine ?

22

    Quand ce brave séjour, honneur du nom latin,
Qui borna sa grandeur d'Afrique et de la Bise,
De ce peuple qui tient les bords de la Tamise
Et de celui qui voit éclore le matin,

Anima contre soi d'un courage mutin
Ses propres nourrissons, sa dépouille conquise,
Qu'il avait par tant d'ans sur tout le monde acquise,
Devint soudainement du monde le butin :
Ainsi quand du grand Tout la fuite retournée
Où trente-six mille ans ont sa course bornée,
Rompra des éléments le naturel accord,
Les semences qui sont mères de toutes choses
Retourneront encor à leur premier discord,
Au ventre du Chaos éternellement closes.

27

Toi qui de Rome, émerveillé, contemples
L'antique orgueil, qui menaçait les cieux,
Ces vieux palais, ces monts audacieux,
Ces murs, ces arcs, ces thermes et ces temples,
Juge, en voyant ces ruines si amples,
Ce qu'a rongé le temps injurieux
Puisqu'aux ouvriers les plus industrieux
Ces vieux fragments encor servent d'exemples.
Regarde après, comme de jour en jour
Rome fouillant son antique séjour,
Se rebâtit de tant d'œuvres divines :
Tu jugeras que le démon romain
S'efforce encor d'une fatale main
Ressusciter ces poudreuses ruines.

28

Qui a vu quelquefois un grand chêne asséché,
Qui pour son ornement quelque trophée porte,
Lever encor au ciel sa vieille tête morte,

Dont le pied fermement n'est en terre fiché,
    Mais qui dessus le champ plus qu'à demi penché
Montre ses bras tout nus et sa racine torte
Et, sans feuille ombrageux, de son poids se supporte
Sur son tronc nouailleux en cent lieux ébranché :
    Et, bien qu'au premier vent il doive sa ruine
Et maint jeune à l'entour ait ferme la racine,
Du dévôt populaire être seul révéré.
    Qui tel chêne a pu voir, qu'il imagine encore
Comme entre les cités qui plus florissent ore,
Ce vieil honneur poudreux est le plus honoré.

## SONGE

### 14

Ayant tant de malheurs gémi profondément,
Je vis une Cité quasi semblable à celle
Que vit le messager de la bonne nouvelle,
Mais bâti sur le sable était son fondement.
Il semblait que son chef touchât au firmament
Et sa forme n'était moins superbe que belle :
Digne, s'il en fut onc, digne d'être immortelle,
Si rien dessous le ciel se fondait fermement.
J'étais émerveillé de voir si bel ouvrage,
Quand du côté du Nord vint le cruel orage,
Qui, soufflant la fureur de son cœur dépité,
Sur tout ce qui s'oppose encontre sa venue,
Renversa sur le champ, d'une poudreuse nue,
Les faibles fondements de la grande Cité.

### 15

Finalement, sur le point que Morphée
Plus véritable apparaît à nos yeux,
Fâché de voir l'inconstance des cieux,
Je vois venir la sœur du grand Typhée :

Qui bravement d'un morion coiffée,
En majesté semblait égale aux dieux
Et sur le bord d'un fleuve audacieux
De tout le monde érigeait un trophée.
Cent rois vaincus gémissaient à ses pieds,
Les bras au dos honteusement liés :
Lors effrayé de voir telle merveille,
Le ciel encor je lui vois guerroyer,
Puis tout à coup je la vois foudroyer,
Et du grand bruit en sursaut je m'éveille.

*(Les Antiquités de Rome,* 1558*)*

# DIVERS JEUX RUSTIQUES

3

## D'UN VANNEUR DE BLÉ AUX VENTS

A vous, troupe légère,
Qui d'aile passagère
Par le monde volez
Et d'un sifflant murmure
L'ombrageuse verdure
Doucement ébranlez,
J'offre ces violettes,
Ces lis et ces fleurettes
Et ces roses ici,
Ces vermeillettes roses,
Tout fraîchement écloses
Et ces œillets aussi.
De votre douce haleine
Eventez cette plaine,
Eventez ce séjour :
Cependant que j'ahane
A mon blé que je vanne
A la chaleur du jour.

36

LA VIEILLE COURTISANE

(...) Donc, inhabile au service de Dieu,
J'abandonnai de bonne heure le lieu :
En retournant d'où je m'étais partie,
Me repentis de m'être repentie.
Ainsi tournée à mon premier métier,
Pour regagner tout cela qu'au moutier
J'avais laissé, j'ouvre l'école au vice,
Et commençai, d'un plus grand artifice
Qu'auparavant, à dresser mes appas
Et retenter les amoureux combats
Où je racquis, d'un utile dommage,
Tout le perdu, et beaucoup davantage.
Adonc je vins en réputation :
Et pris dès lors telle présomption,
De grands seigneurs me voyant courtisée,
Que mon mépris me rendit méprisée.
Je tais ici pour mon premier bonheur
Du trente-et-un le fameux déshonneur
Et, supposé au lieu d'un gentilhomme,
Dedans mon lit l'exécuteur de Rome :
Qui ce plaisir, devant cent et cent yeux,
Récompensa du fouet injurieux.
Je tais encor la vérole goutteuse,
La denterelle et pelade honteuse
Et mon visage en tant de lieux *sfrizé*
Que mille fards ne l'eussent déguisé.
J'avais pourtant encor bonne pratique
Et pour cela ne fermai la boutique :
Car le renom de mon crédit passé
Et le trésor que j'avais amassé
M'entretenaient : et puis ma bonne grâce
Recompensait d'une si brave audace
Ce que les ans m'avaient de beau ôté,
Que mon automne on prenait pour été.

J'avais au lit cent mille gaillardises,
Mille bons mots et mille mignardises :
De bien baller on me donnait le prix,
J'avais du luth moyennement appris
Et quelque peu entendais la musique :
Quant à la voix, je l'avais angélique
Et ne se fût nul autre pu vanter
De savoir mieux le Pétrarque chanter.
Au demeurant j'avais la main divine,
Fût sur la toile ou fût sur l'étamine :
Et volontiers j'y employais le temps
Quand je n'avais un meilleur passe-temps.
Aucunefois, en accoutrement d'homme,
Je passageais pompeusement par Rome
Sur un cheval de même enharnaché
Et le panache à la guelfe attaché,
Ne me montrais moins superbe et vaillante
Qu'une Marphise ou une Bradamante.
Bref, je savais de toute chose un peu
Et n'étais pas ignorante du jeu,
Fût aux échecs ou fût à la première :
Où je n'étais de perdre coutumière,
Jouant toujours à moitié pour celui
Qui ne prenait que la perte pour lui.
Aucunefois, n'étant de la partie,
J'étais si bien de mon fait avertie
Qu'autant de fois qu'une reste on gagnait,
Autant de fois la manche on me donnait.
Aucunefois, ne m'étant agréable
Quelque joyau, d'une usure honorable
A cinq ou six je le faisais payer
Et leur baillais à la rafle à jouer.
Voilà comment, par cent moyens honnêtes,
Je recueillais la laine de mes bêtes :
Donc je tondais les unes quelquefois
Et quelquefois les autres écorchois :
Usant partout de si grand artifice

Que, sans montrer un seul point d'avarice,
Ceux-là dont plus de présents j'avais pris
Se réputaient être plus favoris.
Ma maison donc, moins que jamais déserte,
Etait quasi comme une école ouverte
D'honnêteté, où il fallait venir
Pour bien savoir dames entretenir.
Là se disaient mille bons mots pour rire,
Là les plus sots s'efforçaient pour mieux dire,
Comme à l'envi et là, soir et matin,
Se rapportait toute chose au butin.
S'il se faisait quelque assemblée honnête,
Quoi que ce fût, j'étais toujours de fête,
Et n'eût été de banquet bien fourni
Qui de tels mets eût été dégarni.
Je me trouvais de ducats plusieurs milles,
Qui ne m'étaient en un coffre inutiles :
J'avais meublé une belle maison,
Et richement, et selon la saison :
Et sur la porte avais mis pour devise
La pluie d'or de la fille d'Acrise :
Voulant par là honnêtement montrer
Que par l'or seul on y pouvait entrer.
Heureuse, las, heureuse et trop heureuse,
Si Cupidon de sa torche amoureuse,
Pour châtier cent mille indignités
De tant d'amants que j'avais maltraités,
N'eût allumé dans mes froides mouëlles
Le feu vengeur de ses flammes cruelles :
Me contraignant d'aimer plus que mes yeux,
Plus que mon cœur, un jeune audacieux,
Qui, d'autant plus que d'une humble caresse
Je m'efforçais d'amollir sa rudesse,
Plus me fuyait et se paissait, cruel,
De mon tourment et pleur continuel.
Las, quantes fois, jalousement malade,
Courant partout, ainsi qu'une ménade,

Ai-je suivi, sans crainte du moqueur,
Cet inhumain, qui m'emportait le cœur !
Las, quantes fois, en lieu d'être endormie,
Le pensant être ès bras d'une autre amie,
Nu-pieds, nu-chef, au temps des longues nuits,
Ai-je rompu et fenêtres et huis,
Injuriant de mille outrages celle
Qui recélait mon ennemi chez elle !
Las, quantes fois suis-je allée au devin
Et quantes fois aux sorcières afin
De retenir par liens et par charmes
Cet obstiné vainqueur de telles armes !
Le poil au chef me hérisse d'horreur,
Me souvenant de ce que la fureur
Me faisait faire : ores d'un cimetière
Tirant de nuit quelque ombre solitaire,
Ores au ciel la lune ensanglantant,
Ores le cours des fleuves arrêtant.
Les vers sacrés, les célestes augures,
Les points couplés, les magiques figures,
Les saints fuseaux, les noms ensorcelés,
Les os des morts et les lauriers brûlés :
Ce que du front des poulains on attire,
Les yeux de loup, les images de cire,
Les nœuds charmés et le nombre de trois,
Avec le mal qu'on appelle des mois :
Bref, tout cela que peut telle science
(Et tout en vain), j'en fis l'expérience.
Ce n'est pas tout : les présents amoureux
Et tout le bien que mes ans plus heureux
M'avaient acquis avec peine infinie,
Vignes, maisons, argent à compagnie,
En moins d'un an tout cela fut vendu
Et en banquets et présents dépendu
Pour cet ingrat, ingrat, ingratissime,
Lequel tenait de mes pensers la cime,
Puis me planta, voyant tout consumé

Ce qu'il avait tant seulement aimé.
Et puis voici, pour m'achever de peindre,
Celle que plus les dames doivent craindre,
Sur un bâton marchant à pas comptés,
Dame Vieillesse aux cheveux argentés :
Qui, ravissant d'une main larronnesse
Ce qui restait encor de ma jeunesse,
Ne m'a laissé que la gravelle aux reins,
La goutte aux pieds et les galles aux mains,
La toux aux flancs, la migraine à la tête,
Et à l'oreille une sourde tempête.
De ce beau chef tout l'honneur est éteint,
Ce beau visage a changé son beau teint
En teint de mort : et cette bouche blême
Dessus ses bords a peinte la mort même.
Ces deux beaux yeux, jadis flambeaux d'amour,
Se sont cachés de peur de voir le jour,
Et, pour pleurer leurs fautes et mes peines,
Sont de flambeaux convertis en fontaines.
Je ne puis plus ni sentir ni goûter,
Plus ne me plaît les doux sons écouter,
Le sens me faut et l'esprit, qui me laisse,
Plus que le corps se sent de la vieillesse.
J'ai oublié tout cela qu'autrefois
J'avais appris du luth et de la voix,
J'ai oublié tous mes bons mots pour rire,
Je ne sais plus que me plaindre et médire,
Je ne sais plus que tousser et cracher,
Fâcher autrui et d'autrui me fâcher.
Quant au métier dont il faut que je vive,
C'est de filer ou laver la lessive,
Faire trafic de quelques vieux drapeaux,
Composer fards, contrefaire des eaux,
Vendre des fruits, des herbes, des chandelles
Aux jours de fête et crier les *chambelles.*
Voilà l'état où je gagne mon pain,
Pour ma vieillesse armer contre la faim

Et pour payer une chambre *locande*,
Ce qui est or ma dépense plus grande.
Au demeurant, je ne discours ici
Par le menu le chagrin, le souci
Et le soupçon que la vieillesse cache
Dedans son sein : le mal qui plus me fâche
Et qui me fait cent fois le jour périr,
C'est de vouloir et ne pouvoir mourir.

(*Divers Jeux rustiques*, 1558)

# LOUISE LABÉ

1524 ?-1565

Fille et épouse de riches cordiers lyonnais, musicienne et lettrée, elle recevait dans son salon Scève, Pontus de Tyard et Olivier de Magny, principal inspirateur des sonnets qu'elle publie en 1555.

**Œuvre essentielle :**

*Sonnets*, 1555. Réédition 1981.

## SONNETS

2

O beaux yeux bruns, ô regards détournés,
O chauds soupirs, ô larmes épandues,
O noires nuits vainement attendues,
O jours luisants vainement retournés ?
O tristes plains, ô désirs obstinés,
O temps perdu, ô peines dépendues,
O mille morts en mille rets tendues,
O pires maux contre moi destinés,
O ris, ô front, cheveux, bras, mains et doigts,
O luth plaintif, viole, archet et voix :
Tant de flambeaux pour ardre une femelle !
De toi me plains que, tant de feux portant,
En tant d'endroits d'iceux mon cœur tâtant,
N'en est sur toi volé quelque étincelle.

3

O longs désirs, ô espérances vaines,
Tristes soupirs et larmes coutumières
A engendrer de moi maintes rivières,
Dont mes deux yeux sont sources et fontaines :
O cruautés, ô durtés inhumaines,

Piteux regards des célestes lumières :
Du cœur transi ô passions premières,
Estimez-vous croître encore mes peines ?
Qu'encore Amour sur moi son arc essaie,
Que nouveaux feux me jette et nouveaux dards :
Qu'il se dépite et pis qu'il pourra fasse :
Car je suis tant navrée en toutes parts
Que plus en moi une nouvelle plaie,
Pour m'empirer, ne pourrait trouver place.

4

Depuis qu'Amour cruel empoisonna
Premièrement de son feu ma poitrine,
Toujours brûlai de sa fureur divine,
Qui un seul jour mon cœur n'abandonna.
Quelque travail, dont assez me donna,
Quelque menace et prochaine ruine :
Quelque penser de mort qui tout termine,
De rien mon cœur ardent ne s'étonna.
Tant plus qu'amour nous vient fort assaillir,
Plus il nous fait nos forces recueillir
Et toujours frais en ses combats fait être :
Mais ce n'est pas qu'en rien nous favorise
Cil qui les dieux et les hommes méprise :
Mais pour plus fort contre les forts paraître.

5

Claire Vénus, qui erres par les cieux,
Entends ma voix qui en plains chantera,
Tant que ta face au haut du ciel luira,
Son long travail et souci ennuyeux.

Mon œil veillant s'attendrira bien mieux
Et plus de pleurs te voyant jettera.
Mieux mon lit mol de larmes baignera,
De ses travaux voyant témoins tes yeux.
Donc des humains sont les lassés esprits
De doux repos et de sommeil épris.
J'endure mal tant que le soleil luit :
Et quand je suis quasi toute cassée
Et que me suis mise en mon lit lassée,
Crier me faut mon mal toute la nuit.

7

On voit mourir toute chose animée
Lorsque du corps l'âme subtile part :
Je suis le corps, toi la meilleure part :
Où es-tu donc, ô âme bien-aimée ?
Ne me laissez par si long temps pâmée,
Pour me sauver après viendrais trop tard.
Las, ne mets point ton corps en ce hasard :
Rends-lui sa part et moitié estimée.
Mais fais, ami, que ne soit dangereuse
Cette rencontre et revue amoureuse,
L'accompagnant, non de sévérité,
Non de rigueur : mais de grâce amiable,
Qui doucement me rende ta beauté,
Jadis cruelle, à présent favorable.

8

Je vis, je meurs : je me brûle et me noie.
J'ai chaud extrême en endurant froidure :
La vie m'est et trop molle et trop dure.

J'ai grands ennuis entremêlés de joie.
Tout à un coup je ris et je larmoie,
Et en plaisir maint grief tourment j'endure :
Mon bien s'en va et à jamais il dure :
Tout en un coup je sèche et je verdoie.
Ainsi Amour inconstamment me mène :
Et quand je pense avoir plus de douleur,
Sans y penser je me treuve hors de peine.
Puis, quand je crois ma joie être certaine
Et être au haut de mon désiré heur,
Il me remet en mon premier malheur.

9

Tout aussitôt que je commence à prendre
Dans le mol lit le repos désiré,
Mon triste esprit, hors de moi retiré,
S'en va vers toi incontinent se rendre.
Lors m'est avis que dedans mon sein tendre
Je tiens le bien où j'ai tant aspiré
Et pour lequel j'ai si haut soupiré
Que de sanglots ai souvent cuidé fendre.
O doux sommeil, ô nuit à moi heureuse !
Plaisant repos, plein de tranquillité,
Continuez toutes les nuits mon songe :
Et si jamais ma pauvre âme amoureuse
Ne doit avoir de bien en vérité,
Faites au moins qu'elle en ait en mensonge.

10

Quand j'aperçois ton blond chef, couronné
D'un laurier vert, faire un luth si bien plaindre
Que tu pourrais à te suivre contraindre
Arbres et rocs : quand je te vois, orné

Et de vertus dix mille environné,
Au chef d'honneur plus haut que nul atteindre
Et des plus hauts les louanges éteindre,
Lors dit mon cœur en soi passionné :
Tant de vertus qui te font être aimé,
Qui de chacun te font être estimé,
Ne te pourraient aussi bien faire aimer ?
Et, ajoutant à ta vertu louable
Ce nom encor de m'être pitoyable,
De mon amour doucement t'enflammer ?

11

O doux regards, ô yeux pleins de beauté,
Petits jardins, pleins de fleurs amoureuses
Où sont d'Amour les flèches dangereuses,
Tant à vous voir mon œil s'est arrêté !
O cœur félon, ô rude cruauté,
Tant tu me tiens de façons rigoureuses,
Tant j'ai coulé de larmes langoureuses,
Sentant l'ardeur de mon cœur tourmenté !
Donques, mes yeux, tant de plaisir avez,
Tant de bons tours par ses yeux recevez :
Mais toi, mon cœur, plus les vois s'y complaire,
Plus tu languis, plus en as de souci ;
Or devinez si je suis aise aussi,
Sentant mon œil être à mon cœur contraire.

12

Luth, compagnon de ma calamité,
De mes soupirs témoin irréprochable,
De mes ennuis contrôleur véritable,

Tu as souvent avec moi lamenté :
 Et tant le pleur piteux t'a molesté
Que, commençant quelque sort délectable,
Tu le rendais tout soudain lamentable,
Feignant le ton que plein avait chanté.
 Et si te veux efforcer au contraire,
Tu te détends et si me contrains taire :
Mais, me voyant tendrement soupirer,
 Donnant faveur à ma tant triste plainte :
En mes ennuis me plaire suis contrainte
Et d'un doux mal douce fin espérer.

13

 Oh, si j'étais en ce beau sein ravie
De celui-là pour lequel vais mourant :
Si avec lui vivre le demeurant
De mes courts jours ne m'empêchait Envie :
 Si m'accollant me disait : « Chère amie,
Contentons-nous l'un l'autre ! » s'assurant
Que jà tempête, Euripe ni courant
Ne nous pourra déjoindre en notre vie :
 Si, de mes bras le tenant accollé,
Comme du lierre est l'arbre encercelé,
La mort venait, de mon aise envieuse,
 Lorsque, souef, plus il me baiserait
Et mon esprit sur ses lèvres fuirait,
Bien je mourrais, plus que vivante heureuse.

14

 Tant que mes yeux pourront larmes épandre
A l'heur passé avec toi regretter :
Et qu'aux sanglots et soupirs résister
Pourra ma voix et un peu faire entendre :

Tant que ma main pourra les cordes tendre
Du mignard luth, pour tes grâces chanter :
Tant que l'esprit voudra se contenter
De ne vouloir rien fors que toi comprendre :
Je ne souhaite encore point mourir.
Mais quand mes yeux je sentirai tarir,
Ma voix cassée et ma main impuissante
Et mon esprit en ce mortel séjour
Ne pouvant plus montrer signe d'amante :
Prirai la mort noircir mon plus clair jour.

15

Pour le retour du Soleil honorer,
Le Zéphyr l'air serein lui appareille :
Et du sommeil l'eau et la terre éveille,
Qui les gardait, l'une de murmurer
En doux-coulant, l'autre de se parer
De mainte fleur de couleur non-pareille.
Jà les oiseaux ès arbres font merveille
Et aux passants font l'ennui modérer :
Les Nymphes jà en mille jeux s'ébattent
Au clair de lune et, dansant, l'herbe abattent :
Veux-tu, Zéphyr, de ton heur me donner,
Et que par toi toute me renouvelle ?
Fais mon soleil devers moi retourner
Et tu verras s'il ne me rend plus belle.

17

Je fuis la ville et temples et tous lieux
Esquels, prenant plaisir à t'ouïr plaindre,
Tu peux, et non sans force, me contraindre

De te donner ce qu'estimais le mieux.
Masques, tournois, jeux me sont envieux,
Et rien sans toi de beau ne me puis peindre :
Tant que, tâchant à ce désir éteindre
Et un nouvel objet faire à mes yeux
Et des pensers amoureux me distraire,
Des bois épais suis le plus solitaire :
Mais j'aperçois, ayant erré maint tour,
Que si je veux de toi être délivre,
Il me convient hors de moi-même vivre,
Ou fais encor que loin sois en séjour.

18

Baise m'encor, rebaise-moi et baise :
Donne m'en un de tes plus savoureux,
Donne m'en un de tes plus amoureux :
Je t'en rendrai quatre plus chauds que braise.
Las, te plains-tu ? çà, que ce mal j'apaise
En t'en donnant dix autres doucereux.
Ainsi, mêlant nos baisers tant heureux,
Jouissons-nous l'un de l'autre à notre aise.
Lors double vie à chacun en suivra.
Chacun en soi et son ami vivra.
Permets m'amour penser quelque folie :
Toujours suis mal, vivant discrètement,
Et ne me puis donner contentement,
Si hors de moi ne fais quelque saillie.

19

Diane, étant en l'épaisseur d'un bois,
Après avoir mainte bête assénée,
Prenait le frais, de Nymphes couronnée :
J'allais rêvant, comme fais mainte fois,

Sans y penser, quand j'ouïs une voix
Qui m'appela, disant : « Nymphe étonnée,
Que ne t'es-tu vers Diane tournée ? »
Et, me voyant sans arc et sans carquois :
« Qu'as-tu trouvé, ô compagne, en ta voie,
Qui de ton arc et flèches ait fait proie ?
– Je m'animai, réponds-je, à un passant
Et lui jetai en vain toutes mes flèches
Et l'arc après : mais lui, les ramassant
Et les tirant, me fit cent et cent brèches. »

20

Prédit me fut que devais fermement
Un jour aimer celui dont la figure
Me fut décrite : et sans autre peinture
Le reconnus quand vis premièrement :
Puis le voyant aimer fatalement,
Pitié je pris de sa triste aventure :
Et tellement je forçai ma nature
Qu'autant que lui aimai ardentement.
Qui n'eût pensé qu'en faveur devait croître
Ce que le Ciel et destins firent naître ?
Mais quand je vois si nubileux apprêts,
Vents si cruels et tant horrible orage :
Je crois qu'étaient les infernaux arrêts
Qui de si loin m'ourdissaient ce naufrage.

21

Quelle grandeur rend l'homme vénérable ?
Quelle grosseur ? quel poil ? quelle couleur ?
Qui est des yeux le plus emmielleur ?

Qui fait plus tôt une plaie incurable ?
Quel chant est plus à l'homme convenable ?
Qui plus pénètre en chantant sa douleur ?
Qui un doux luth lui fait encor meilleur ?
Quel naturel est le plus amiable ?
Je ne voudrais le dire assurément,
Ayant Amour forcé mon jugement :
Mais je sais bien, et de tant je m'assure,
Que tout le beau que l'on pourrait choisir
Et que tout l'art qui aide la nature
Ne me sauraient accroître mon désir.

22

Luisant Soleil, que tu es bienheureux
De voir toujours de t'amie la face :
Et toi, sa sœur, qu'Endymion embrasse,
Tant te repais de miel amoureux.
Mars voit Vénus : Mercure aventureux
De ciel en ciel, de lieu en lieu se glasse :
Et Jupiter remarque en mainte place
Ses premiers ans plus gais et chaleureux.
Voilà du ciel la puissante harmonie,
Qui les esprits divins ensemble lie :
Mais s'ils avaient ce qu'ils aiment lointain,
Leur harmonie et ordre irrévocable
Se tournerait en erreur variable,
Et comme moi travailleraient en vain.

24

Ne reprenez, dames, si j'ai aimé :
Si j'ai senti mille torches ardentes,
Mille travaux, mille douleurs mordantes :
Si en pleurant j'ai mon temps consumé,

Las, que mon nom n'en soit par vous blâmé.
Si j'ai failli, les peines sont présentes,
N'aigrissez point leurs pointes violentes :
Mais estimez qu'Amour à point nommé,
Sans votre ardeur d'un Vulcan excuser,
Sans la beauté d'Adonis accuser,
Pourra, s'il veut, plus vous rendre amoureuses :
En ayant moins que moi d'occasion,
Et plus d'étrange et forte passion.
Et gardez-vous d'être plus malheureuses !

(*Sonnets*, 1555)

# PIERRE DE RONSARD

1524-1585

Quoique son père servît le roi, Ronsard, né au château de la Possonnière en Vendômois, ne put poursuivre, en raison de sa surdité, la carrière qu'il avait commencée comme page en 1536 et qui l'avait mené en Écosse et en Flandre (1537), puis en Allemagne (1540). Il entreprend alors d'être poète et, en même temps que Du Bellay et Baïf, se laisse guider par Dorat dans la découverte des lettres antiques.

Tout le désigne comme le chef de file de sa génération et son désir de gloire l'amène à imiter Pindare, dans les quatre premiers livres des *Odes,* qu'il publie en 1550 ; ses compagnons voyant en lui le restaurateur de la poésie héroïque, il travaille dès lors à *la Franciade,* dont les quatre livres ne verront le jour qu'en 1572. Ces deux hautes ambitions rencontrent l'échec : un accueil peu chaleureux, parfois délibérément hostile, mais aussi sans doute le sentiment qu'il est vain de toucher à l'impossible conduisent le poète à laisser là le grandiose, adoptant dans les *Odes,* dès 1553, des modèles plus accessibles : Horace ou Anacréon, et renonçant à un projet épique si longtemps cultivé et, sans doute, si souvent remis à plus tard.

Il a déjà commencé à publier ses *Amours* (1552-1553), d'abord dédiés à Cassandre et où des notes sensuelles, l'espoir de l'éternité, au moins en poésie, et quelques traits platoniciens contredisent déjà le pétrarquisme. Sa seconde inspiratrice, Marie, lui suggère un ton plus familier (*La Continuation des Amours*, 1555) ; à ces poèmes, en 1578, il joindra, sous le titre général des *Amours de Marie*, les pièces qu'il compose en 1574 à la mort de Marie de Clèves, maîtresse d'Henri III. C'est aussi en 1578 qu'il publie les *Sonnets pour Hélène*, où éclate son goût pour une idéalisation esthétique en même temps que sa contestation passionnée des amours idéalistes. En ce domaine, le génie de Ronsard a survécu à la multitude de ses expériences et de ses fictions ; sa gloire résistera aux chercheurs qui s'efforcent en vain de trouver des témoins de sa sincérité, comme aux érudits qui réduisent ses textes à leurs sources pétrarquistes. Car personne n'a su peindre comme lui l'activité inlassable de l'imagination amoureuse.

Ronsard sert les rois. Loin de se contenter d'être le poète de l'amour, il s'avère en ses *Hymnes* (1555-1556) habile inventeur mythologique, mais surtout poète héroïque du savoir et de la philosophie, persuadé comme Pic de la Mirandole que la « connaissance est une forme de possession ». Il s'engage aussi politiquement : ses *Discours*, à partir de 1562, engagent le combat contre les Protestants, qu'il juge séditieux à l'égard de l'Église et de la France, tout en reconnaissant le bien-fondé de leurs critiques des mœurs ecclésiastiques.

En même temps Ronsard corrige, complète et refond inlassablement ses œuvres, dont il donne des éditions collectives en 1560, 1567, 1571, 1572-1573, 1578 et 1584. Une dernière édition influencée par lui paraît en 1587. Usant de l'arbitraire qui est le privilège de l'anthologiste, on donne ici le texte original des *Amours* de 1552-1553 ainsi que des *Sonnets pour Hélène.* Pour les autres œuvres on a préféré le texte de 1584.

Ronsard mourut en 1585, après avoir écrit de pathétiques *Derniers Vers.*

**Œuvres essentielles :**

*Les Odes,* 1552, 1556, 1584. Réédition 1958.
*Les Amours,* 1552-1553. Réédition 1963.
Le Second Livre des *Hymnes,* 1556. Réédition 1958.
Le Second Livre des *Amours,* 1565, 1584. Réédition 1963.
Le Second Livre des *Amours,* 1578, 1584. Réédition 1958.
*Discours des misères de ce temps,* 1562, 1584. Réédition 1958.
*La Franciade,* 1572. Réédition 1958.
Le Premier Livre des *Sonnets pour Hélène,* 1578. Réédition 1963.
Le Second Livre des *Sonnets pour Hélène,* 1578. Réédition 1963.
*Pièces posthumes,* 1586. Réédition 1958.

# LES ODES

## LIVRE I

*A Michel de l'Hospital, chancelier de France*

### ODE 10

#### STROPHE 1

Errant par les champs de la Grâce
Qui peint mes vers de ses couleurs,
Sur les bords dircéans j'amasse
L'élite des plus belles fleurs,
Afin qu'en pillant je façonne
D'une laborieuse main
La rondeur de cette couronne
Trois fois torse d'un pli thébain,
Pour orner le haut de la gloire
Du plus heureux mignon des dieux,
Qui çà-bas ramena des cieux
Les filles qu'enfanta Mémoire.

#### ANTISTROPHE

Mémoire, reine d'Eleuthère,
Par neuf baisers qu'elle reçut
De Jupiter qui la fit mère,

D'un seul coup neuf filles conçut.
Mais quand la lune vagabonde
Eût courbé douze fois en rond,
Pour r'enflammer l'obscur du monde,
La double voûte de son front,
Mémoire, de douleur outrée,
Dessous Olympe se coucha
Et, criant Lucine, accoucha
De neuf filles d'une ventrée,

EPODE

En qui répandit le ciel
Une musique immortelle,
Comblant leur bouche nouvelle
Du jus d'un attique miel
Et à qui vraiment aussi
Les vers furent en souci,
Les vers dont flattés nous sommes,
Afin que leur doux chanter
Pût doucement enchanter
Le soin des dieux et des hommes.

(*Les Odes*, 1552, 1584)

### ODE 17

Mignonne, allons voir si la rose
Qui ce matin avait déclose
Sa robe de pourpre au soleil,
A point perdue cette vêprée
Les plis de sa robe pourprée
Et son teint au vôtre pareil.
Las ! voyez comme en peu d'espace,
Mignonne, elle a dessus la place
Las ! las ! ses beautés laissé choir !
O vraiment marâtre Nature,
Puisqu'une telle fleur ne dure
Que du matin jusques au soir !
Donc, si vous me croyez, mignonne,
Tandis que votre âge fleuronne
En sa plus verte nouveauté,
Cueillez, cueillez votre jeunesse :
Comme à cette fleur la vieillesse
Fera ternir votre beauté.

(*Les Odes,* 1553, 1584)

# LES ODES

## LIVRE III

### ODE 25

Celui qui est mort aujourd'hui
Est aussi bien mort que celui
Qui mourut aux jours du Déluge :
Autant vaut aller le premier,
Que de séjourner le dernier
Devant le parquet du grand Juge.
Incontinent que l'homme est mort,
Ou jamais ou longtemps il dort
Au creux d'une tombe enfouie,
Sans plus parler, ouïr ni voir :
Hé ! Quel bien saurait-on avoir
En perdant les yeux et l'ouïe ?
Or l'âme, selon le bienfait
Qu'hôtesse du corps a fait,
Monte au ciel, sa maison natale ;
Mais le corps, nourriture à vers,
Dissous de veines et de nerfs,
N'est plus qu'une ombre sépulcrale.
Il n'a plus esprit ni raison,
Emboîture ni liaison
Artère, pouls, ni veine tendre,
Cheveu en tête ne lui tient

Et, qui plus est, ne lui souvient
Avoir jadis aimé Cassandre.
La mort ne désire plus rien.
Donc cependant que j'ai le bien
De désirer vif, je demande
Être toujours sain et dispos,
Puis quand je n'aurai que les os,
Le reste à Dieu je recommande.
Homère est mort, Anacréon,
Pindare, Hésiode, Bion,
Et plus n'ont souci de s'enquerre
Du bien et du mal qu'on dit d'eux :
Ainsi après un siècle ou deux
Plus ne sentirai rien sous terre.
Mais de quoi sert le désirer
Sinon pour l'homme martyrer ?
Le désir n'est rien que martyre.
Content ne vit le désireux,
Et l'homme mort est bienheureux :
Heureux qui plus rien ne désire !

(*Les Odes*, 1556, 1584)

## LES AMOURS

### 20

Je voudrais bien, richement jaunissant,
En pluie d'or, goutte à goutte, descendre
Dans le beau sein de ma belle Cassandre,
Lorsqu'en ses yeux le somme va glissant.
Je voudrais bien en taureau blandissant
Me transformer pour finement la prendre,
Quand elle va par l'herbe la plus tendre,
Seule à l'écart, mille fleurs ravissant.
Je voudrais bien, afin d'aiser ma peine,
Être un Narcisse et elle une fontaine,
Pour m'y plonger une nuit à séjour :
Et voudrais bien que cette nuit encore
Durât toujours sans que jamais l'Aurore
D'un front nouveau nous rallumât le jour.

### 21

Qu'Amour mon cœur, qu'Amour mon âme sonde,
Lui qui connaît ma seule intention,
Il trouvera que toute passion
Veuve d'espoir par mes veines abonde.
Mon Dieu, que j'aime ! Est-il possible au monde

De voir un cœur si plein d'affection
Pour le parfait d'une perfection,
Qui m'est dans l'âme en plaie si profonde ?
Le cheval noir qui ma reine conduit
Par le sentier où ma chair la séduit,
A tant erré d'une vaine traverse,
Que j'ai grand peur (si le blanc ne contraint
Sa course vague, et ses pas ne refraint
Dessous le joug) que ma raison ne verse.

34

Las ! je me plains de mille et mille et mille
Soupirs, qu'en vain des flancs je vais tirant,
Heureusement mon plaisir martirant
Au fond d'une eau qui de mes pleurs distille.
Puis je me plains d'un portrait inutile,
Ombre du vrai que je vais adorant
Et de ces yeux qui me vont dévorant,
Le cœur brûlé d'une flamme gentille.
Mais parsus tout je me plains d'un penser
Qui trop souvent dans mon cœur fait passer
Le souvenir d'une beauté cruelle,
Et d'un regret qui me pâlit si blanc
Que je n'ai plus en mes veines de sang,
Aux nerfs de force et en mes os de moëlle.

35

Puisse advenir qu'une fois je me venge
De ce penser qui dévore mon cœur
Et qui toujours, comme un lion vainqueur,
Sous soi l'étrangle et sans pitié le mange.

Avec le temps le temps même se change,
Mais ce cruel qui suce ma vigueur,
Opiniâtre au cours de sa rigueur,
En autre lieu qu'en mon cœur ne se range.
Bien est-il vrai qu'il contraint un petit,
Durant le jour, son secret appétit
Et dans mes flancs ses griffes il n'allonge :
Mais, quand la nuit tient le jour enfermé,
Il sort en quête et, lion affamé,
De mille dents toute nuit il me ronge.

36

Pour la douleur qu'Amour veut que je sente,
Ainsi que moi, Phébus, tu lamentais,
Quand, amoureux, loin du ciel, tu chantais,
Près d'Ilion, sur les rives de Xanthe.
Pinçant en vain ta lyre blandissante,
Et fleurs et flots, malsain, tu enchantais,
Non la beauté, qu'en l'âme tu sentais,
Dans le plus doux d'une plaie aigrissante.
Là de ton teint se pâlissaient les fleurs,
Et l'eau, croissant du dégoût de tes pleurs,
Parlait tes cris, dont elle roulait pleine :
Pour même nom, les fleurettes du Loir,
Près de Vendôme, et daignent me douloir
Et l'eau se plaindre aux soupirs de ma peine.

87

Œil, qui portrait dedans les miens reposes,
Comme un soleil, le dieu de ma clarté :
Ris, qui, forçant ma douce liberté,

Me transformas en cent métamorphoses :
Larme, vraiment qui mes soupirs arroses,
Quand tu languis de me voir mal traité :
Main, qui mon cœur captives arrêté
Parmi ton lys, ton ivoire et tes roses,
Je suis tant vôtre et tant l'affection
M'a peint au vif votre perfection
Que ni le temps, ni la mort, tant soit forte,
Ne fera point qu'au centre de mon sein,
Toujours gravés en l'âme, je ne porte
Un œil, un ris, une larme, une main.

88

Si seulement l'image de la chose
Fait à nos yeux la chose concevoir
Et si mon œil n'a puissance de voir
Si quelque idole au devant ne s'oppose :
Que ne m'a fait celui qui tout compose
Les yeux plus grands, afin de mieux pouvoir
En leur grandeur la grandeur recevoir
Du simulacre où ma vie est enclose ?
Certes le ciel, trop ingrat de son bien,
Qui seul la fit et qui seul vit combien
De sa beauté divine était l'idée,
Comme jaloux du trésor de son mieux,
Silla le monde et m'aveugla les yeux,
Pour de lui seul seule être regardée.

89

Sous le cristal d'une argenteuse rive,
Au mois d'avril, une perle je vis,
Dont la clarté m'a tellement ravi
Qu'en mes discours autre penser n'arrive.

Sa rondeur fut d'une blancheur naïve
Et ses rayons tréluisaient à l'envi :
Son lustre encor ne m'a point assouvi,
Ni ne fera, non, non, tant que je vive.
Cent et cent fois, pour la pêcher à bas,
Tout recoursé, je dévale le bras
Et, jà déjà content, je la tenoie,
Sans un archer, qui, du bout de son arc,
A front penché me plongeant sous le lac,
Frauda mes doigts d'une si douce proie.

90

Soit que son or se crêpe lentement
Ou soit qu'il vague en deux glissantes ondes,
Qui çà, qui là, par le sein vagabondes
Et sur le col, nagent folâtrement :
Ou soit qu'un nœud, diapré tortement
De maints rubis et maintes perles rondes,
Serre les flots de ses deux tresses blondes,
Je me contente en mon contentement.
Quel plaisir est-ce, ainçois quelle merveille
Quand ses cheveux, troussés dessus l'oreille,
D'une Vénus imitent la façon !
Quand d'un bonnet son chef elle adonise
Et qu'on ne sait (tant bien elle déguise
Son chef douteux) s'elle est fille ou garçon !

167

Je veux brûler, pour m'envoler aux cieux,
Tout l'imparfait de cette écorce humaine,
M'éternisant, comme le fils d'Alcmène,

Qui tout en feu s'assit entre les dieux.
Jà mon esprit, chatouillé de son mieux,
Dedans ma chair, rebelle se promène
Et jà le bois de sa victime amène
Pour s'enflammer au rayon de tes yeux.
O saint brasier, ô feu chastement beau,
Las, brûle-moi d'un si chaste flambeau
Qu'abandonnant ma dépouille connue,
Net, libre et nu, je vole d'un plein saut
Outre le ciel, pour adorer là-haut
L'autre beauté, dont la tienne est venue.

168

Ce fol penser, pour s'envoler plus haut
Après le bien hautain que je désire,
S'est emplumé d'ailes jointes de cire,
Propres à fondre aux rais du premier chaud.
Lui, fait oiseau, dispos de saut en saut,
Poursuit en vain l'objet de son martire,
Et toi, qui peux et lui dois contredire,
Tu le vois bien, raison, et ne t'en chaut.
Sous la clarté d'une étoile si belle,
Cesse, penser, de hasarder ton aile,
Ains que te voir en brûlant déplumée :
Car, pour éteindre une ardeur si cuisante,
L'eau de mes yeux ne serait suffisante
Ni suffisants tous les flots de la mer.

(*Les Amours*, 1552-1553)

# LE SECOND LIVRE DES HYMNES

## HYMNE DE LA PHILOSOPHIE

Si Calliope autrefois de son gré
M'a fait ouvrir son cabinet sacré
Pour y choisir un présent d'excellence,
Présent qui fût la digne récompense
D'avoir servi la troupe de ses sœurs
Depuis vingt ans par cent mille labeurs,
C'est maintenant que je dois de mon coffre
Le retirer pour en faire un bel offre
A mon Odet, prélat à qui ne faut
Rien présenter, si le présent n'est haut,
De bonne étoffe et de valeur semblable
A la vertu qui le rend admirable.
Aussi ne veux-je offrir à tel seigneur
Un bon orné de médiocre honneur,
Mais un présent admirable à l'envie,
L'hymne sacré de la philosophie,
Laquelle doit, entre les bons esprits,
Sur tous les arts avoir le premier prix,
D'autant que c'est la science première
De qui toute autre emprunte sa lumière.
Elle, voyant qu'à l'homme était nié
D'aller au ciel, disposte a délié
Loin hors du corps notre âme emprisonnée
Et par esprit aux astres l'a menée,

Car, en dressant de notre âme les yeux,
Haute s'attache aux merveilles des cieux,
Vaguant partout, et, sans être lassée,
Tout l'univers discourt en sa pensée
Et, seule osant des astres s'allier,
Veut du grand Dieu la nature épier.
Elle connaît des anges les essences,
La hiérarchie et toutes les puissances
De ces démons qui habitent le lieu
De l'air, qui est des hommes et de Dieu
Egal-distant, et comme tous les songes
Se font par eux, vrais ou pleins de mensonges.
Seule elle sait les bons et les mauvais,
Leurs qualités, leur forme et leurs effets,
Et leur mystère, et ce qu'on doit leur faire
Pour les fâcher ou bien pour leur complaire :
Et pourquoi c'est qu'ils sont tant désireux
De la matière, et couards et peureux,
Craignant le coup d'une tranchante épée,
Et par quel art leur nature est trompée
Des enchanteurs, qui les tiennent serrés
Étroitement dans des anneaux ferrés,
Ensorcelés ou par une figure,
Ou par le bruit d'un magique murmure,
D'esprit divins se rendant serviteurs,
Tant ils sont sots, des humains enchanteurs.
Non seulement elle entend les pratiques
Et les vertus des sept feux erratiques,
Mais d'un clin d'œil, habile, elle comprend
Tout à la fois le ciel, tant soit-il grand.
Et comme on voit la sorcière importune
Tirer du ciel par ses charmes la lune,
Elle sans plus la lune ou le soleil
N'attire à bas par son art non-pareil,
Mais tout le ciel fait dévaler en terre
Et sa grandeur en une sphère enserre,
Miracle grand, qui tant d'astres contraints,

Comme un jouet, nous met entre les mains.
Donc à bon droit cette philosophie
D'un Jupiter les menaces défie,
Qui plein d'orgueil se vante que les dieux
Ne le sauraient à bas tirer des cieux,
Tirassent-ils d'une main conjurée
Le bout pendant de la chaîne ferrée,
Et que lui seul, quand bon lui semblera,
Tous de sa chaîne au ciel les tirera.
Mais les efforts d'une telle science
Tirent les dieux et la même puissance
De Jupiter, et comme tous charmés
Dedans du bois les détient enfermés.
Elle, première, a trouvé l'ouverture
Par long travail, des secrets de Nature ;
A su de quoi les tonnerres se font,
Pourquoi la lune a maintenant le front
Mousse ou cornu, et pourquoi toute ronde
Ou demi-ronde elle apparaît au monde,
A su pourquoi le soleil perd couleur,
Que c'est qu'il est, ou lumière ou chaleur,
A su comment tout le firmament danse
Et comme Dieu le guide à la cadence,
A su les corps de ce grand univers,
Qui vont dansant de droit ou de travers,
Ceux qui vont tôt au son de l'harmonie,
Ceux qui vont tard après leur compagnie,
Comme Saturne, aggravé de trop d'ans,
Qui suit le bal à pas mornes et lents.
Elle connaît comme se fait la grêle,
Comme se fait la neige et la nielle,
Les tourbillons et, curieuse, sait
Comme sous nous le tremblement se fait ;
Bref, elle sait les vents et les orages,
Et d'où se font en l'air ces longs images,
Troublant nos cœurs d'épouvantements vains,
Et, la première, assura les humains,

Les guérissant du mal de l'ignorance
Et des vertus leur donnant connaissance
Pour les apprendre à connaître le bien,
Fuir le vice et ne douter de rien.
Puis tout ainsi que s'elle avait les ailes
Du fils de Maie à l'entour des aisselles,
Vole aux Enfers et reconnaît là-bas
Ce qui est vrai, et ce qui ne l'est pas.
Elle connaît Eaque et Rhadamante,
Le Sort, la Cruche et leur loi violente ;
Elle connaît la roue et les vautours
Et du rocher les tours et les retours,
Elle connaît le grand chien à trois têtes
Et les Fureurs et les terribles bêtes
Qui font leur gîte au portail de Pluton ;
Elle connaît Cocyte et Phlégéton,
Styx et Charon, et des âmes prisées
Les beaux séjours aux plaines Elysées
Et les plaisirs et les tourments soufferts,
Que gravement les juges des Enfers
Dedans leur chaire ordonnent sans envie
A ceux jadis qui furent bons de vie
Ou entachés de vicieux défauts.
Puis, de là-bas revolant ici-haut,
Vient mesurer les grands mers fluctueuses,
Baille des noms aux troupes monstrueuses
Du vieil Protée, et par mille façons
Le naturel reconnaît des poissons,
Des thons, dauphins, baleines et murènes
Et de tous ceux qui, par les eaux Tyrrhènes
Et par l'Égée, en grandes troupes vont,
Des flots salés sondant le plus profond.
Elle connaît et Triton et Neptune,
Et pourquoi c'est que l'inconstante lune
Régit la mer ; elle sait les saisons
De son train double, et pour quelles raisons
Des vents enflés les haleines qui ventent,

De fond en comble en hurtant la tourmentent,
Et pourquoi c'est que le siècle ancien
Nomma le père et vieillard Océan
Germe de tout, et non seulement père
Mais nourricier et donnant comme mère
A ses enfants ses mamelles, afin
Que, sans humeur, ce Tout ne prenne fin.
Car il nourrit les troupes ondoyantes
Et les oiseaux, qui, de plumes pendantes,
Battent le ciel, les hommes et les rois
Et toute bête habitant dans les bois.
　　Et, d'avantage, afin qu'il n'y ait chose
Qu'elle ne sache en tout ce monde enclose,
La terre arpente, et du rivage ardent,
De l'Orient jusques à l'Occident
Et de la part de l'Ourse boréale,
Sait la longueur, la largeur, l'intervalle.
Il n'y a bois, mont, fleuve, ni cité,
Qu'en un papier elle n'ait limité,
Et, sans que l'homme en cent navires erre,
Vingt ou trente ans, ne lui montre la terre
D'un seul regard : ceux qui touchent nos bords
Et ceux qui froids sont écartés du corps
De notre monde, et les gens qui défrichent
L'île où les blés deux fois l'an se hérissent,
Et l'Amérique, et ceux que le soleil
Voit se couchant et voit à son réveil.
　　Puis elle vint revisiter les villes
Et leur donna des polices civiles
Pour les régir par statuts et par lois,
Car pour néant on eût quitté les bois
Et les déserts, où le peuple sauvage
Vivait de gland, sans trouver davantage
Qu'entre les bois, au milieu des cités
Moins de justice et plus d'iniquités ;
Et si la Loi, pédagogue du vice,
N'eût fait régner Thémis et sa justice,

Que Jupiter au pouvoir indompté
Près de son trône assied à son côté.
    Que dirai plus ? ô très sainte et très grande
Fille du ciel, dont la vertu commande
A tous métiers, le poète te doit,
Le médecin et le nocher qui voit
De son timon les étoiles glissantes,
Et le charmeur ses figures puissantes,
Bref, toute en tout, tu as voulu trouver
Tout art, afin de le faire éprouver,
Pour ne souffrir qu'un trop engourdi somme,
Sans faire rien, rouillât le cœur de l'homme,
Mais, l'élevant par esprit jusqu'aux cieux,
Le fais repaître à la table des dieux.
Ton nom soit saint, sainte philosophie !
L'homme prudent, qui résolu se fie
En tes propos, d'un courage constant,
Vivra toujours bienheureux et content,
Sans craindre rien, comme celui qui pense
Que de nul mal la vertu ne s'offense.

(Le Second Livre des *Hymnes*, 1556)

## HYMNE DE L'AUTOMNE

Le jour que je fus né, Apollon qui préside
Aux Muses, me servit en ce monde de guide,
M'anima d'un esprit subtil et vigoureux
Et me fit de science et d'honneur amoureux.
En lieu de grands trésors et de richesses vaines,
Qui aveuglent les yeux des personnes humaines,
Me donna pour partage une fureur d'esprit
Et l'art de bien coucher ma verve par écrit.
Il me haussa le cœur, haussa la fantaisie,
M'inspirant dedans l'âme un don de poésie
Que Dieu n'a concédé qu'aux esprits agités
Des poignants aiguillons de sa divinité.
Quand l'homme en est touché, il devient un prophète,
Il prédit toute chose avant qu'elle soit faite,
Il connaît la nature et les secrets des cieux
Et d'un esprit bouillant s'élève entre les dieux.
Il connaît la vertu des herbes et des pierres,
Il enferme les vents, il charme les tonnerres :
Sciences que le peuple admire, et ne sait pas
Que Dieu les va donnant aux hommes d'ici-bas
Quand ils ont de l'humain leurs âmes séparées
Et qu'à telle fureur elles sont préparées
Par oraison, par jeûne et pénitence aussi,
Dont aujourd'hui le monde a bien peu de souci.
Car Dieu ne communique aux hommes ses mystères
S'ils ne sont vertueux, dévôts et solitaires,

Éloignés des tyrans et des peuples, qui ont
La malice en la main et l'impudence au front,
Brûlés d'ambition et tourmentés d'envie,
Qui leur sert de bourreau tout le temps de leur vie.
Je n'avais pas quinze ans que les monts et les bois
Et les eaux me plaisaient plus que la cour des rois,
Et les noires forêts en feuillages voûtées,
Et du bec des oiseaux les roches picotées ;
Une vallée, un antre, en horreur obscurci,
Un désert effroyable était tout mon souci,
Afin de voir au soir les nymphes et les fées
Danser dessous la lune en cotte par les prées,
Fantastique d'esprit, et de voir les sylvains
Être boucs par les pieds et hommes par les mains,
Et porter sur le front des cornes en la sorte
Qu'un petit agnelet de quatre mois les porte.
J'allais après la danse et, craintif, je pressais
Mes pas dedans le trac des nymphes et pensais
Que pour mettre mon pied en leur trace poudreuse,
J'aurais incontinent l'âme plus généreuse,
Ainsi que l'Ascréan qui gravement sonna,
Quand l'une des neuf sœurs le laurier lui donna.
Or je ne fus trompé dans ma jeune entreprise,
Car la gentille Euterpe, ayant ma dextre prise,
Pour m'ôter le mortel par neuf fois me lava
De l'eau d'une fontaine où peu de monde va,
Me charma par neuf fois, puis, d'une bouche enflée,
Ayant dessus mon chef son haleine soufflée,
Me hérissa le poil de crainte et de fureur
Et me remplit le cœur d'ingénieuse erreur
En me disant ainsi : « Puisque tu veux nous suivre,
Heureux après la mort, nous te ferons revivre
Par longue renommée, et ton los ennobli,
Accablé du tombeau, n'ira point en oubli.
Tu seras du vulgaire appelé frénétique,
Insensé, furieux, farouche, fantastique,
Maussade, mal-plaisant, car le peuple médit

De celui qui de mœurs aux siennes contredit.
Mais courage, Ronsard ! les plus doctes poètes,
Les sibylles, devins, augures et prophètes,
Hués, sifflés, moqués des peuples ont été,
Et toutefois, Ronsard, ils disaient vérité. »

(...) L'Automne en larmoyant s'en était en-allée
Quand elle ouït un bruit au fond d'une vallée,
Et, s'approchant de près, elle vit un grand roi
Que deux tigres portaient en magnifique arroi ;
Ses yeux étincelaient tout ainsi que chandelles,
Ses cheveux lui pendaient plus bas que les aisselles,
Sa face était de vierge et avait sur le front
Deux petits cornichons comme les chevreaux ont ;
Ses lèvres n'étaient point de barbe crêpelées,
Son corps était bouffi, ses cuisses potelées,
Jeunesse et Volupté lui servaient de voisins,
Et tenait en sa main deux grappes de raisins.
Devant ce roi dansaient les folles Edonides :
Les unes talonnaient des panthères sans brides,
Les autres répandaient leurs cheveux sur le dos,
Les autres dans la main branlaient des javelots,
Hérissés de lierre et de feuilles de vigne ;
Silène au rouge nez, sans mesure, trépigne,
Monté dessur son âne et, comme tout dompté
De vin, laisse tomber sa tête d'un côté ;
Les satyres cornus, les sylvains pieds-de-chèvre
Font un bruit d'instruments : l'un qui enfle sa lèvre,
Fait sonner un hautbois, et l'autre tout autour
De la brigade fait résonner un tambour.
Sitôt que Bacchus vit Automne la pucelle
Vénus lui fit descendre au cœur une étincelle
Par les yeux envoyée, et tout soudainement
Il devint amoureux, et si ne sut comment.

(Le Second Livre des *Hymnes*, 1556, 1584)

## HYMNE DE LA MORT

*A Louis des Masures*

(...) Moi donc, qui de long temps par épreuve sais bien
Qu'au sommet du Parnasse on ne trouve plus rien
Pour étancher la soif d'une gorge altérée,
Je veux aller chercher quelque source sacrée
D'un ruisseau non touché, qui murmurant s'enfuit
Dedans un beau verger, loin de gens et de bruit,
Source que le soleil n'aura jamais connue,
Que les oiseaux du ciel, de leur bouche cornue,
N'auront jamais souillée et où les pastoureaux
N'auront jamais conduit les pieds de leurs taureaux.
Je boirai tout mon saoul de cette onde pucelle
Et puis je chanterai quelque chanson nouvelle,
Dont les accords seront peut-être si très-doux
Que les siècles voudront les redire après nous,
Et, suivant mon esprit, à nul des vieux antiques,
Larron, je ne devrai mes chansons poétiques,
Car il me plaît pour toi de faire ici ramer
Mes propres avirons dessus ma propre mer
Et de voler au ciel par une voie étrange,
Te chantant de la Mort la non-dite louange.
(...) Où est l'homme çà-bas, s'il n'est bien misérable,
Et lourd d'entendement, qui ne veuille être hors
De l'humaine prison de ce terrestre corps ?
Ainsi qu'un prisonnier qui, jour et nuit, endure
Les manicles aux mains, aux pieds la chaîne dure,

Se doit bien réjouir à l'heure qu'il se voit
Délivré de prison, ainsi l'homme se doit
Réjouir grandement quand la Mort lui délie
Le lien qui serrait sa misérable vie,
Pour vivre en liberté. Car on ne saurait voir
Rien çà-bas, qui ne soit, par naturel devoir,
Esclave de labeur : non seulement nous, hommes,
Qui vrais enfants de peine et de misère sommes,
Mais le soleil, la lune et les astres des cieux
Font avecques travail leur tour laborieux.
La mer, avec travail, deux fois le jour chemine ;
La terre, tout ainsi qu'une femme en gésine
Qui, pleine de douleur, met au jour ses enfants,
Ses fruits avec travail nous produit tous les ans.
(...) Que ta puissance, ô Mort, est grande et admirable !
Rien au monde par toi ne se dit perdurable,
Mais tout ainsi que l'onde aval des ruisseaux fuit
Le pressant coulement de l'autre qui la suit,
Ainsi le temps se coule, et le présent fait place
Au futur importun, qui les talons lui trace.
Ce qui fut se refait ; tout coule comme une eau
Et rien dessous le ciel ne se voit de nouveau,
Mais la forme se change en une autre nouvelle
Et ce changement-là vivre au monde s'appelle,
Et mourir, quand la forme en une autre s'en va.
Ainsi, avec Vénus, la Nature trouva
Moyen de ranimer, par longs et divers changes,
La matière restant, tout cela que tu manges ;
Mais notre âme immortelle est toujours en un lieu,
Au change non sujette, assise auprès de Dieu,
Citoyenne à jamais de la ville éthérée
Qu'elle avait si longtemps en ce corps désirée.
Je te salue, heureuse et profitable Mort,
Des extrêmes douleurs médecin et confort.
Quand mon heure viendra, déesse, je te prie,
Ne me laisse longtemps languir en maladie,
Tourmenté dans un lit ; mais puisqu'il faut mourir,

Donne-moi que soudain je te puisse encourir,
Ou pour l'honneur de Dieu ou pour servir mon Prince,
Navré d'une grand'plaie au bord de ma province.

(Le Second Livre des *Hymnes*, 1556-1584)

# LE SECOND LIVRE DES AMOURS

## PREMIÈRE PARTIE

## AMOURS DE MARIE

### 19

Marie, levez-vous, ma jeune paresseuse :
Jà la gaie alouette au ciel a fredonné
Et jà le rossignol doucement jargonné,
Dessus l'épine assis, sa complainte amoureuse.
Sus ! Debout ! allons voir l'herbelette perleuse
Et votre beau rosier, de boutons couronné,
Et vos œillets mignons, auxquels aviez donné,
Hier au soir, de l'eau, d'une main si soigneuse.
Harsoir en vous couchant vous jurâtes vos yeux
D'être plus tôt que moi ce matin éveillée ;
Mais le dormir de l'aube, aux filles gracieux,
Vous tient d'un doux sommeil les yeux encor sillée.
Çà ! çà ! que je les baise, et votre beau tétin
Cent fois, pour vous apprendre à vous lever matin.

### 33

Sitôt qu'entre les bois tu as bu la rosée,
Soit de nuit, soit de jour, logé dans un buisson,
Des ailes trémoussant, tu dis une chanson,

D'une note rustique à plaisir composée.
Au contraire de toi, j'ai la voix disposée
A chanter en ce bois, mais en autre façon.
Car toujours en pleurant je dégoise mon son ;
Aussi j'ai toujours l'âme en larmes arrosée.
Je te gagne à chanter : ta voix est de trois mois.
L'an entier oit toujours les plaintes de ma voix,
Navré d'une beauté qui me tient en servage.
Mais, hélas ! rossignol, ou bien à mes chansons,
Si quelque amour te point, accorde tes doux sons,
Ou laisse-moi tout seul pleurer en ce bocage.

44

Marie, baisez-moi ; non, ne me baisez pas,
Mais tirez-moi le cœur de votre douce haleine ;
Non, ne le tirez pas, mais hors de chaque veine
Suçez-moi toute l'âme éparse entre vos bras.
Non, ne la suçez pas ; car après le trépas
Que serais-je sinon une semblance vaine,
Sans corps, desur la rive où l'amour ne démène
(Pardonne-moi, Pluton) qu'en feinte ses ébats ?
Pendant que nous vivons, entraimons-nous, Marie,
Amour ne règne point sur la troupe blêmie
Des morts, qui sont sillés d'un long somme de fer.
C'est abus que Pluton ait aimé Proserpine ;
Si doux soin n'entre point en si dure poitrine :
Amour règne en la terre et non point en enfer.

## SECONDE PARTIE
## SUR LA MORT DE MARIE

4

Comme on voit sur la branche, au mois de mai, la rose,
En sa belle jeunesse, en sa première fleur,
Rendre le ciel jaloux de sa vive couleur,
Quand l'Aube, de ses pleurs, au point du jour l'arrose.
La grâce dans sa feuille et l'amour se repose,
Embâmant les jardins et les arbres d'odeur ;
Mais, battue, ou de pluie ou d'excessive ardeur,
Languissante, elle meurt, feuille à feuille déclose ;
Ainsi, en ta première et jeune nouveauté,
Quand la terre et le ciel honoraient ta beauté,
La Parque t'a tuée, et cendre tu reposes.
Pour obsèques reçois mes larmes et mes pleurs,
Ce vase plein de lait, ce panier plein de fleurs,
Afin que, vif et mort, ton corps ne soit que roses.

(Le Second Livre des *Amours*, 1578, 1584)

# DISCOURS DES MISÈRES DE CE TEMPS

## DISCOURS A LA REINE

(...) On dit que Jupiter, fâché contre la race
Des hommes, qui voulaient par curieuse audace
Envoyer leurs raisons jusqu'au ciel, pour savoir
Les hauts secrets divins que l'homme ne doit voir,
Un jour, étant gaillard, choisit pour son amie
Dame Présomption, la voyant endormie
Au pied du mont Olympe, et, la baisant, soudain
Conçut l'Opinion, peste du genre humain ;
Cuider en fut nourrice et fut mise à l'école
D'Orgueil, de Fantaisie et de Jeunesse folle.
Elle fut si enflée et si pleine d'erreur
Que même ses parents faisait trembler d'horreur ;
Elle avait le regard d'une orgueilleuse bête ;
De vent et de fumée avait pleine la tête ;
Son cœur était couvé de vaine affection
Et sous un pauvre habit cachait l'Ambition ;
Son visage était beau comme d'une sirène ;
D'une parole douce avait la bouche pleine ;
Légère, elle portait des ailes sur le dos ;
Ses jambes et ses pieds n'étaient de chair ni d'os,
Ils étaient faits de laine et de coton bien tendre,
Afin qu'à son marcher on ne la pût entendre.
Elle se vint loger, par étranges moyens,

Dedans le cabinet des théologiens,
De ces nouveaux rabins, et brouilla leurs courages
Par la diversité de cent nouveaux passages,
Afin de les punir d'être trop curieux
Et d'avoir échellé, comme Géants, les cieux.
Ce monstre que j'ai dit met la France en campagne,
Mendiant le secours de Savoie et d'Espagne
Et de la nation qui, prompte au tambourin,
Boit le large Danube et les ondes du Rhin.
Ce monstre arme le fils contre son propre père,
Le frère factieux s'arme contre son frère,
La sœur contre la sœur, et les cousins germains
Au sang de leurs cousins veulent tremper leurs mains ;
L'oncle hait son neveu, le serviteur son maître ;
La femme ne veut plus son mari reconnaître ;
Les enfants sans raison disputent de la foi
Et tout à l'abandon va sans ordre et sans loi.
L'artisan par ce monstre a laissé sa boutique,
Le pasteur ses brebis, l'avocat sa pratique,
Sa nef le marinier, sa foire le marchand,
Et par lui le prud'homme est devenu méchant.
L'écolier se débauche ; et de sa faux tortue
Le laboureur façonne une dague pointue,
Une pique guerrière il fait de son râteau
Et l'acier de son coutre il change en un couteau.
Morte est l'autorité ; chacun vit à sa guise ;
Au vice déréglé la licence est permise ;
Le désir, l'avarice et l'erreur insensé
Ont sens dessus dessous le monde renversé,
Ont fait des lieux sacrés une horrible voirie,
Une grange, une étable et une porcherie,
Si bien que Dieu n'est sûr en sa propre maison ;
Au ciel est revolée et Justice et Raison
Et en leur place, hélas ! règne le brigandage,
La force, le harnois, le sang et le carnage.
Tout va de pis en pis ; le sujet a brisé
Les serments qu'il devait à son roi, méprisé ;

Mars, enflé de faux zèle et de vaine apparence,
Ainsi qu'une Furie agite notre France,
Qui, farouche à son Prince, opiniâtre, suit
L'erreur d'un étranger et, folle, se détruit. (...)

(*Discours des misères de ce temps,* 1562-1584)

## CONTINUATION DU DISCOURS DES MISÈRES DE CE TEMPS

### A LA REINE CATHERINE DE MEDICIS

Madame, je serais ou du plomb ou du bois,
Si moi, que la Nature a fait naître françois,
Aux races à venir je ne contais la peine
Et l'extrême malheur dont notre France est pleine.
Je veux de siècle en siècle au monde publier,
D'une plume de fer sur un papier d'acier,
Que ses propres enfants l'ont prise et dévêtue
Et jusques à la mort vilainement battue.
(...) Et quoi ? brûler maisons, piller et brigander,
Tuer, assassiner, par force commander,
N'obéir plus aux rois, amasser des armées,
Appelez-vous cela Églises réformées ?
Jésus, que seulement vous confessez ici
De bouche et non de cœur, ne faisait pas ainsi
Et saint Paul en prêchant n'avait pour toute armes
Sinon l'humilité, les jeûnes et les larmes.
(...) Vous êtes, Prédicants, en possession d'être
Toujours, toujours battus ; notre roi, votre maître,
Bientôt, à votre dam, le vous fera sentir
Et lors vous sentirez que peut le repentir.
Tandis, vous exercez vos malices cruelles
Et de l'Apocalypse êtes les sauterelles,

Lesquelles, aussitôt que le puits fut ouvert
D'Enfer, par qui le ciel de nues fut couvert,
Avecque la fumée en la terre sortirent
Et des fiers scorpions la puissance vêtirent.
Ell'avaient face d'homme et portaient de grands dents,
Tout ainsi que lions affamés et mordants.
Leur manière d'aller en marchant sur la terre
Semblait chevaux armés, qui courent à la guerre,
Ainsi qu'ardentement vous courez aux combats
Et villes et châteaux vous renversez à bas.
Ell'avaient de fin or les couronnes aux têtes,
Ce sont vos morions reluisants par les crêtes ;
Ell'avaient tout le corps de plastrons enfermés,
Les vôtres sont toujours de corselets armés ;
Comme d'un scorpion meurtrière était leur queue,
Meurtriers vos pistolets, vos mains et votre vue ;
Perdant était leur maître, et le vôtre a perdu
Le sceptre que nos rois avaient tant défendu.
Vous ressemblez encore à ces jeunes vipères
Qui ouvrent en naissant le ventre de leurs mères ;
Ainsi en avortant vous avez fait mourir
La France, votre mère, au lieu de la nourrir.
(...) L'autre jour, en pensant que cette pauvre terre
S'en allait, ô malheur ! la proie de l'Angleterre
Et que ses propres fils amenaient l'étranger
Qui boit les eaux du Rhin, afin de l'outrager,
M'apparut tristement l'idole de la France,
Non telle qu'elle était, lorsque la brave lance
De Henri la gardait, mais faible et sans confort,
Comme une pauvre femme atteinte de la mort.
Son sceptre lui pendait et sa robe semée
De fleurs de lys était en cent lieux entamée ;
Son poil était hideux, son œil hâve et profond,
Et nulle majesté ne lui haussait le front.
En la voyant ainsi, je lui dis : « O Princesse,
Qui presque de l'Europe as été la maîtresse,
Mère de tant de rois, conte-moi ton malheur

Et dis-moi, je te pri', d'où te vient ta douleur ! »
Elle adonc en tirant sa parole contrainte,
Soupirant aigrement, me fit ainsi sa plainte :
« Une ville est assise ès champs savoisiens,
Qui par fraude a chassé ses seigneurs anciens,
Misérable séjour de toute apostasie,
D'opiniâtreté, d'orgueil et d'hérésie,
Laquelle, en-cependant que les rois augmentaient
Mes bornes et bien loin pour l'honneur combattaient,
Appelant les bannis en sa secte damnable,
M'a fait comme tu vois chétive et misérable.
Or mes rois, connaissant qu'une telle cité
Leur serait, comme elle est, une infélicité
Délibéraient assez de la ruer par terre ;
Mais contre elle jamais n'ont entrepris la guerre :
Ou soit par négligence ou soit par le destin,
Entière ils l'ont laissée, et de là vient ma fin.
Comme ces laboureurs, dont les mains inutiles
Laissent pendre l'hiver un touffeau de chenilles
Dans une feuille sèche, au faîte d'un pommier ;
Si tôt que le soleil, de son rayon premier,
A la feuille échauffée, et qu'elle est arrosée,
Par deux ou par trois fois, d'une tendre rosée,
Le venin, qui semblait par l'hiver consumé,
En chenilles soudain apparaît animé,
Qui tombent de la feuille et rampent à grand'peine,
D'un dos entre-cassé, au milieu de la plaine ;
L'une monte en un chêne et l'autre en un ormeau
Et, toujours en mangeant, se traînent au coupeau,
Puis descendent à terre, et tellement se paissent
Qu'une seule verdure en la terre ne laissent.
Alors le laboureur, voyant son champ gâté,
Lamente pour néant qu'il ne s'était hâté
D'étouffer de bonne heure une telle semence ;
Il voit que c'est sa faute et s'en donne l'offense.
Ainsi lorsque mes rois aux guerres s'efforçaient,
Toutes en un monceau ces chenilles croissaient ;

Si qu'en moins de trois mois telle tourbe enragée
Sur moi s'est répandue et m'a toute mangée.
Or mes peuples mutins, arrogants et menteurs
M'ont cassé le bras droit, chassant mes sénateurs ;
Car, de peur que la loi ne corrigeât leur vice,
De mes palais royaux ont banni la Justice ;
Ils ont rompu ma robe en rompant mes cités,
Rendant mes citoyens contre moi dépités ;
Ont pillé mes cheveux en pillant mes églises,
Mes églises, hélas ! que par force ils ont prises,
En poudre foudroyant images et autels,
Vénérables séjours de nos saints immortels.
Contre eux puisse tourner si malheureuse chose,
Et l'or saint dérobé leur soit l'or de Tolose !
Ils n'ont pas seulement, sacrilèges nouveaux,
Fait de mes temples saints étables à chevaux ;
Mais, comme tourmentés des fureurs stygiales,
Ont violé l'honneur des ombres sépulcrales,
Afin que par tel acte inique et malheureux
Les vivants et les morts conspirassent contre eux. » (...)

(*Discours des misères de ce temps*, 1562-1584)

## RÉPONSE AUX INJURES ET CALOMNIES

### [LE LOUP-GAROU PROTESTANT]

(...) Fuyez, peuples, fuyez, que personne n'approche,
Sauvez-vous en l'église, allez sonner la cloche
A son dru et menu, faites flamber du feu,
Faites un cerne en rond, murmurez peu à peu
Quelque basse oraison et mettez en la bouche
Sept ou neuf grains de sel, de peur qu'il ne vous touche.
Vois-le-ci, je le vois écumant et bavant,
Il se roule en arrière, il se roule en avant,
Affreux, hideux, bourbeux ; une épaisse fumée
Ondoie de sa gorge en flammes allumée ;
Il a le diable au corps ; ses yeux cavés dedans,
Sans prunelle et sans blanc, reluisent comme Ardents
Qui, par les nuits d'hiver, à flammes vagabondes,
En errant font noyer les passants dans les ondes ;
Il a le museau tors et le dos hérissé
Ainsi qu'un gros mâtin, des dogues pelissé.
Fuyez, peuples, fuyez ; non, attendez la bête,
Apportez cette étole, il faut prendre sa tête
Et lui serrer le col, il faut semer épais
Sur lui de l'eau bénite avec un *asperges*,
Il faut faire des croix en long sur son échine.
Je tiens le monstre pris : voyez comme il chemine
Sur les pieds de derrière et comme il ne veut pas,
Rebellant à l'étole, accompagner mes pas !

Sus ! sus ! Prêtres, frappez dessur la bête prise !
Que par force on le traîne aux degrés de l'église !

(...) Tu te moques, cafard, dequoi ma poésie
Ne suit l'art misérable, ains va par fantaisie,
Et dequoi ma fureur sans ordre se suivant
Éparpille ses vers comme feuilles au vent :
Voilà comment tu dis que ma Muse sans bride
S'égare, répandue où la fureur la guide.
Si tu avais les yeux aussi prompts et ouverts
A dérober mon art qu'à dérober mes vers,
Tu dirais que ma Muse est pleine d'artifice,
Et ma brusque vertu ne te serait un vice.
En l'art de poésie un art il ne faut pas
Tel qu'ont les prédicants, qui suivent pas à pas
Leur sermon su par cœur, ou tel qu'il faut en prose,
Où toujours l'orateur suit le fil d'une chose.
Les poètes gaillards ont artifice à part,
Ils ont un art caché qui ne semble pas art
Aux versificateurs, d'autant qu'il se promène
D'une libre contrainte où la Muse le mène.
As-tu point vu voler en la prime saison
L'avette qui de fleurs enrichit sa maison ?
Tantôt le beau narcisse et tantôt elle embrasse
Le vermeil hyacynthe, et sans suivre une trace
Erre de pré en pré, de jardin en jardin,
Chargeant un doux fardeau de mélisse ou de thym.
Ainsi le bon esprit que la Muse époinçonne,
Porté de la fureur, sur Parnasse moissonne
Les fleurs de toutes parts, errant de tous côtés :
En ce point par les champs de Rome étaient portés
Le damoiseau Tibulle et celui qui fit dire
Les chansons des Grégeois à sa romaine lyre.
Tels ne furent jamais les versificateurs
Des Muses avortons, ni tous ces imposteurs
Dont l'ardente fureur d'Apollon n'a saisie
L'âme d'une gentille et docte frénésie :

Tel bien ne se promet aux hommes vicieux,
Mais aux hommes bien nés qui sont aimés des cieux.
Écoute, prédicant tout enflé d'arrogance :
Faut-il que ta malice attire en conséquence
Les vers que brusquement un poète a chantés ?
Ou tu es enragé ou tu es enchanté,
De te prendre à ma quinte, et ton esprit s'oublie
De penser arracher un sens d'une folie.
Je suis fol, prédicant, quand j'ai la plume en main ;
Mais quand je n'écris plus, j'ai le cerveau bien sain. (...)

(*Discours des misères de ce temps*, 1562-1584)

# LA FRANCIADE

I

(...) Et cependant les rudes matelots,
Peuple farouche, ennemi du repos,
D'un cri naval hors du rivage proche
Démarraient l'ancre à la mâchoire croche,
Guindaient le mât à cordes bien tendu.
Chaque soldat en son banc s'est rendu
Échu par sort ; de bras et de poitrine
Ils s'efforçaient ; la navire chemine !
Les cris, les pleurs dedans le ciel volaient
Dessous l'adieu de ceux qui s'en allaient !
Atant Francus s'embarque en son navire.
Les avirons à double rang on tire.
Le vent poupier qui fortement souffla
Dedans la voile, à plein ventre l'enfla,
Faisant siffler antennes et cordage ;
La nef bien loin s'écarte du rivage.
L'eau sous la poupe aboyant fait un bruit,
Qu'un train d'écume en tournoyant poursuit.
Qui vit jamais la brigade en la danse
Frapper des pieds à terre la cadence
D'un ordre égal, d'un pas juste et compté,
Sans point faillir d'un ni d'autre côté,
Quand la jeunesse aux danses bien apprise

De quelque dieu la fête solennise,
Il a pu voir les avirons égaux
Frapper d'accord la campagne des eaux.
Cette navire également tirée
S'allait traînant dessus l'onde azurée
A dos rompu, ainsi que par les bois,
Sur le printemps au retour des beaux mois,
Va la chenille errante à toute force
Avec cent pieds sur les plis d'une écorce.
Ainsi qu'on voit la troupe des chevreaux
A petits bonds suivre les pastoureaux
Devers le soir au son de la musette,
Ainsi les nefs d'une assez longue traite
Suivaient la nef de Francus, qui devant
Coupait la mer sous la faveur du vent
A large voile à mi-cercle entonnée,
Ayant de fleurs la poupe couronnée.
L'eau se blanchit sous les coups d'avirons ;
L'onde tortue ondoie aux environs
De la carène, et autour de la proue
Maint tourbillon en écumant se roue ;
La terre fuit, seulement à leurs yeux
Paraît la mer et la voûte des cieux.

II

(...) Incontinent maintes troupes de nues
Sont pêle-mêle à leur reine venues,
Comme troupeaux qui bêlent à l'entour
De leur pasteur, quand la pointe du jour
Et la rosée aux herbes les convie.
Et lors Junon d'un tel amas suivie
Les presse ensemble et, en son giron prêt,
Leur forme un corps tout ainsi qu'il lui plaît.
L'une elle enflait de monstrueux images,

L'autre de pluie et de venteux orages ;
L'autre en bruyant sur l'autre se roulait,
L'autre blafarde et noirâtre coulait,
Ayant d'azur la robe entresemée,
Et l'autre était de feu toute allumée.
Tandis les vents avaient gagné la mer
Qu'à gros bouillons ils faisaient écumer,
La renversant du fond jusques au faîte.
Une importune outrageuse tempête,
Sifflant, bruyant, grondant et s'élevant
A monts bossus sous le souffler du vent,
Branle sur branle et onde dessus onde,
Entrouvrait l'eau d'une abîme profonde.
Tantôt enflée aux astres écumait,
Tantôt baissée aux enfers s'abîmait
Et forcenant d'une écumeuse rage
De flots armés couvrait tout le rivage.
Un sifflement de cordes et un bruit
D'hommes s'élève ; une effroyable nuit,
Cachant la mer d'une poisseuse robe,
Et jour et mer aux matelots dérobe.
L'air se creva de foudres et d'éclairs,
A longue pointe étincelants et clairs,
Drus et menus, et les pluies tortues
Par cent pertuis se crevèrent des nues.
(...) Tandis, la nuit à la robe étoilée
Avait la terre épaissement voilée
D'un manteau noir ombreux et paresseux,
Lorsque voici les fantômes de ceux
Dont la grand'mer, en vagues départie,
Avait les corps et la vie engloutie,
Enflés, bouffis, écumeux et ondeux,
Aux nez mangés, aux visages hideux,
Qui, pépiant d'une voix longue et lente
Comme poulets cherchant leur mère absente,
De mains, de pieds figurant leur méchef
De Francion environnaient le chef.

« Enfant d'Hector, disaient-ils, nous ne sommes
Plus ces corps vifs, mais feinte de ces hommes,
Que, bien armés et prompts à tous hasards,
En tes vaisseaux tu choisis pour soldars,
Sur qui les vents, au fort de la tempête,
Ont renversé cent gouffres sur la tête.
Nos corps flottants appâtent les poissons,
Nos esprits, las ! en cent mille façons,
Déprisonnés de l'humaine clôture,
Dessus les flots errent à l'aventure.
Fais-nous au moins sur le bord de ces eaux
Le triste apprêt de quelques vains tombeaux. »

(*La Franciade,* 1572)

# LE PREMIER LIVRE
# DES SONNETS POUR HÉLÈNE

1

Ce premier jour de mai, Hélène, je vous jure
Par Castor, par Pollux, vos deux frères jumeaux,
Par la vigne enlacée à l'entour des ormeaux,
Par les prés, par les bois hérissés de verdure,
Par le printemps sacré, fils aîné de Nature,
Par le sablon qui roule au giron des ruisseaux,
Par tous les rossignols, merveilles des oiseaux,
Qu'autre part je ne veux chercher autre aventure.
Vous seule me plaisez : j'ai par élection
Et non à la volée aimé votre jeunesse :
Aussi je prends en gré toute ma passion.
Je suis de ma fortune auteur, je le confesse :
La vertu m'a conduit en telle affection :
Si la vertu me trompe, adieu, belle maîtresse.

36

Comme une belle fleur assise entre les fleurs,
Mainte herbe vous cueillez en la saison plus tendre
Pour me les envoyer et pour soigneuse apprendre

Leurs noms et qualités, espèces et valeurs.
    Était-ce point afin de guérir mes douleurs,
Ou de faire ma plaie amoureuse reprendre ?
Ou bien, s'il vous plaisait par charmes entreprendre
D'ensorceler mon mal, mes flammes et mes pleurs ?
    Certes je crois que non : nulle herbe n'est maîtresse
Contre le coup d'Amour envieilli par le temps.
C'était pour m'enseigner qu'il faut dès la jeunesse,
    Comme d'un usufruit prendre son passe-temps :
Que pas à pas nous suit l'importune vieillesse
Et qu'Amour et les fleurs ne durent qu'un printemps.

37

    Doux dédains, douce amour d'artifice cachée,
Doux courroux enfantin, qui ne garde son cœur,
Doux d'endurer passer un long temps en longueur,
Sans me voir, sans m'écrire, et faire la fâchée :
    Douce amitié, souvent perdue et recherchée,
Doux de tenir d'entrée une douce rigueur
Et, sans me saluer, me tuer en langueur
Et feindre qu'autre part on est bien empêchée :
    Doux entre le dépit et entre l'amitié,
Dissimulant beaucoup, ne parler qu'à moitié.
Mais m'appeler volage et prompt de fantaisie,
    Craindre ma conscience et douter de ma foi,
M'est un reproche amer, qu'à grand tort je reçois :
Car douter de ma foi, c'est crime d'hérésie.

(Le Premier Livre des *Sonnets pour Hélène*, 1578)

# LE SECOND LIVRE DES SONNETS POUR HÉLÈNE

13

Si vos yeux connaissaient leur divine puissance
Et s'ils se pouvaient voir ainsi que je les vois,
Ils ne s'étonneraient, se connaissant, de quoi
Divins ils ont vaincu une mortelle essence.
Mais par faute d'avoir d'eux-mêmes connaissance,
Ils ne peuvent juger du mal que je reçois :
Seulement mon visage en témoigne pour moi.
Le voyant si défait, ils voient leur puissance.
Yeux, où devrait loger une bonne amitié,
Comme vous regardez tout le ciel et la terre,
Que ne pénétrez-vous mon cœur par la moitié,
Ainsi que de ses rais le soleil fait un verre ?
Si vous le pouviez voir, vous en auriez pitié
Et aux cendres d'un mort vous ne feriez la guerre.

14

Si de vos doux regards je ne vais me repaître
A toute heure et toujours en tous lieux vous chercher,
Hélas ! pardonnez-moi : j'ai peur de vous fâcher,
Comme un serviteur craint de fâcher à son maître.

Puis je crains tant vos yeux, que je ne saurais être
Une heure en les voyant sans le cœur m'arracher,
Sans me troubler le sang : pource il me faut cacher,
Afin de ne mourir pour tant de fois renaître.
J'avais cent fois juré de ne les voir jamais,
Me parjurant autant qu'autant je le promets :
Car soudain je retourne à rengluer mon aile.
Ne m'appelez donc plus dissimulé ni feint.
Aimer ce qui fait mal et revoir ce qu'on craint
Est le gage certain d'un service fidèle.

15

Je voyais, me couchant, s'éteindre une chandelle
Et je disais, au lit, bassement à part moi :
Plût à Dieu que le soin, que la peine et l'émoi
Qu'Amour m'engrave au cœur, s'éteignissent comme elle.
Un mâtin enragé, qui de sa dent cruelle
Mord un homme, il lui laisse une image de soi
Qu'il voit toujours en l'eau : ainsi toujours je vois,
Soit veillant ou dormant, le portrait de ma belle.
Mon sang chaud en est cause. Or comme on voit [souvent
L'été moins bouillonner que l'automne suivant,
Mon septembre est plus chaud que mon juin de fortune.
Hélas ! pour vivre trop, j'ai trop d'impression.
Tu es mort une fois, bienheureux Ixion,
Et je meurs mille fois pour n'en mourir pas une.

22

Laisse de Pharaon la terre égyptienne,
Terre de servitude, et viens sur le Jourdain :
Laisse-moi cette cour et tout ce fard mondain,
Ta Circé, ta sirène et ta magicienne.

Demeure en ta maison pour vivre toute tienne,
Contente-toi de peu : l'âge s'enfuit soudain.
Pour trouver ton repos, n'attends point à demain :
N'attends point que l'hiver sur les cheveux te vienne.
Tu ne vois à ta cour que feintes et soupçons :
Tu vois tourner une heure en cent mille façons :
Tu vois la vertu fausse et vraie la malice.
Laisse ces honneurs pleins d'un soin ambitieux,
Tu ne verras aux champs que nymphes et que dieux,
Je serai ton Orphée et toi mon Eurydice.

23

Ces longues nuits d'hiver où la lune ocieuse
Tourne si lentement son char tout à l'entour,
Où le coq si tardif nous annonce le jour,
Où la nuit semble un an à l'âme soucieuse :
Je fusse mort d'ennui sans ta forme douteuse,
Qui vient par une feinte alléger mon amour,
Et faisant, toute nue, entre mes bras séjour,
Me pipe doucement d'une joie menteuse.
Vraie tu es farouche et fière en cruauté :
De toi fausse on jouit en toute privauté.
Près ton mort je m'endors, près de lui je repose :
Rien ne m'est refusé. Le bon sommeil ainsi
Abuse par le faux mon amoureux souci.
S'abuser en amour n'est pas mauvaise chose.

24

Quand vous serez bien vieille, au soir à la chandelle,
Assise auprès du feu, dévidant et filant,
Direz, chantant mes vers, en vous émerveillant :

Ronsard me célébrait du temps que j'étais belle.
Lors vous n'aurez servante oyant telle nouvelle,
Déjà sous le labeur à demi sommeillant,
Qui au bruit de Ronsard ne s'aille réveillant,
Bénissant votre nom de louange immortelle.
Je serai sous la terre et, fantôme sans os,
Par les ombres myrteux je prendrai mon repos.
Vous serez au foyer une vieille accroupie,
Regrettant mon amour et votre fier dédain.
Vivez, si m'en croyez, n'attendez à demain :
Cueillez dès aujourd'hui les roses de la vie.

55

Je chantais ces sonnets, amoureux d'une Hélène,
En ce funeste mois que mon Prince mourut :
Son sceptre, tant fût grand, Charles ne secourut,
Qu'il ne payât sa dette à la nature humaine.
La Mort fut d'une part et l'Amour qui me mène
Était de l'autre part, dont le trait me férut
Et si bien la poison par les veines courut,
Que j'oubliai mon maître, atteint d'une autre peine.
Je sentis dans le cœur deux diverses douleurs,
La rigueur de ma dame et la tristesse enclose
Du roi, que j'adorais pour ses rares valeurs.
La vivante et le mort tout malheur me propose :
L'une aime les regrets et l'autre aime les pleurs :
Car l'Amour et la Mort n'est qu'une même chose.

(Le Second Livre des *Sonnets pour Hélène*, 1578)

# LES DERNIERS VERS

## SONNETS

### I

Je n'ai plus que les os, un squelette je semble,
Décharné, dénervé, démusclé, dépulpé,
Que le trait de la Mort sans pardon a frappé :
Je n'ose voir mes bras que de peur je ne tremble.
Apollon et son fils, deux grands maîtres ensemble,
Ne me sauraient guérir ; leur métier m'a trompé.
Adieu, plaisant soleil ! mon œil est étoupé,
Mon corps s'en va descendre où tout se désassemble.
Quel ami me voyant en ce point dépouillé
Ne remporte au logis un œil triste et mouillé,
Me consolant au lit et me baisant le face,
En essuyant mes yeux par la Mort endormis ?
Adieu, chers compagnons, adieu, mes chers amis !
Je m'en vais le premier vous préparer la place.

3

Donne-moi tes présents en ces jours que la brume
Fait les plus courts de l'an, ou de ton rameau teint
Dans le ruisseau d'Oubli dessus mon front espreint,
Endors mes pauvres yeux, mes gouttes et mon rhume.
Miséricorde, ô Dieu ! ô Dieu, ne me consume
A faute de dormir ; plutôt sois-je contraint
De me voir par la peste ou par la fièvre éteint,
Qui mon sang desséché dans mes veines allume.
Heureux, cent fois heureux, animaux qui dormez
Demi-an en vos trous, sous la terre enfermés,
Sans manger du pavot, qui tous les sens assomme !
J'en ai mangé, j'ai bu de son jus oublieux,
En salade, cuit, cru, et toutefois le somme
Ne vient par sa froideur s'asseoir dessus mes yeux.

6

Il faut laisser maisons et vergers et jardins,
Vaisselles et vaisseaux que l'artisan burine,
Et chanter son obsèque en la façon du cygne
Qui chante son trépas sur les bords méandrins.
C'est fait : j'ai dévidé le cours de mes destins,
J'ai vécu, j'ai rendu mon nom assez insigne,
Ma plume vole au ciel pour être quelque signe,
Loin des appas mondains qui trompent les plus fins.
Heureux qui ne fut onc, plus heureux qui retourne
En rien comme il était, plus heureux qui séjourne
D'homme fait nouvel ange, auprès de Jésus-Christ,
Laissant pourrir çà-bas sa dépouille de boue,
Dont le Sort, la Fortune et le Destin se joue,
Franc des liens du corps pour n'être qu'un esprit.

(*Pièces posthumes,* 1586)

# RÉMY BELLEAU

1528-1577

Né à Nogent-le-Rotrou, il devient l'ami de Ronsard dont il commente le second livre des *Amours* et obtient la protection de la maison de Lorraine. A une traduction d'Anacréon, il ajoute ses *Petites Inventions* (1555), avant de s'intéresser plus particulièrement aux pierres précieuses (*Les Amours et Nouveaux Echanges de pierres précieuses,* 1576). Quant aux poèmes qu'il écrit entre-temps, il les sertit dans la prose d'art de sa *Bergerie* (1565). Son goût descriptif fait de lui le poète le plus original de la Pléiade.

**Œuvres essentielles :**

*Petites Inventions*, 1585. Réédition 1953.
*La Bergerie*, 1572. Réédition 1866.
*Les Amours et Nouveaux Echanges de pierres précieuses*, 1576, 1585. Réédition 1953.

## PETITES INVENTIONS

### LE PAPILLON

Ô que j'estime ta naissance
Pour de rien n'avoir connaissance,
Gentil papillon tremblotant,
Papillon toujours voletant,
Grivolé de cent mille sortes,
En cent mille habits que tu portes,
Au petit mufle éléphantin,
Jouet d'enfant, tout enfantin,
Lorsque de fleur en fleur sautelles,
Couplant et recouplant tes ailes,
Pour tirer des plus belles fleurs
L'émail et les bonnes odeurs.
Est-il peintre que la nature ?
Tu contrefais une peinture
Sur tes ailes si proprement
Qu'à voir ton beau bigarrement,
On dirait que le pinceau même
Aurait d'un artifice extrême
Peint de mille et mille fleurons
Le crêpe de tes ailerons.
Ce n'est qu'or fin dont tu te dores,
Qu'argent, qu'azur dont tu colores
Au vif un millier de beaux yeux,
Dont tu vois : et méritais mieux

De garder la fille d'Inache
Qu'Argus, quand elle devint vache.
Tu ne vis qu'un gaillard printemps :
Jamais la carrière des ans
N'offense ta crêpe jeunesse
D'une chagrineuse vieillesse.
Au point du jour, quand le soleil
Colore d'un pourpre vermeil
Ses rayons, tu sors de ta couche :
Et puis au soir, quand il se couche,
Plongeant ses limoniers fumeux
Au sein de Thétis écumeux,
Dessus le tapis de la prée
En cent parures diaprée,
Tu te couches, sans avoir peur
De la nuit ni de son horreur.
Et quand l'Aurore rayonnante
A mouillé l'herbe rousoyante,
Tu te pais de manne et de miel
Qui lors se distille du ciel.
O vie heureuse et plus céleste
Que celle des hommes, moleste
A suivre les affections
D'impatientes passions !
Tantôt le ciel, de son audace,
D'un regard triste nous menace,
Tantôt un orage cruel,
D'un brouillement continuel.
L'hiver, l'été ne nous contente,
Mais plutôt une sotte attente
Nous repaît d'espérer en mieux :
Bref, rien n'est ferme sous les cieux
Pour la pauvre race des hommes,
Sous les cieux courbés où nous sommes.
Or vis donc bien fortuné,
Mon mignon, sans être étonné
Des traverses de la fortune

Et pendant que l'heure opportune
Te semond à voler, il faut,
Par la bouillante ardeur du chaud,
Que le teint du lis et des roses
Et de mille autres fleurs écloses
Tu pilles, pour rendre mieux teint
De ma maitresse le beau teint.
    Puis m'apportant dessus tes ailes
Le beau fard de ces fleurs nouvelles,
J'appendrai sur ce ruisselet,
Qui doucement argentelet
Coule de la roche pierreuse
Au long de cette rive herbeuse,
Et mon bonnet et mon chapeau
En ton honneur à cet ormeau :
Et, chantant au frais de l'ombrage,
J'empêcherai que nul outrage
Ne te soit fait sur le mi-jour
Par les enfants, quand de retour
Ils sont des champs et que leur chasse
A coups de chapeau te pourchasse
Et, tous échauffés, à grands pas
Courent pour t'atterrer en bas,
Hâtant et rehâtant leur suite
Après ton inconstante fuite,
Pour ton voler trop incertain
Qui trompe leurs yeux et leur main. (...)

*(Petites Inventions*, 1585)

## LA BERGERIE

### CHANSON

Comme la vigne tendre
Bourgeonnant vient étendre
En menus entrelacs
Ses petits bras
Et, de façon gentille,
Mollette s'entortille
A l'entour des ormeaux,
A petits nœuds glissante
Sur le ventre rampante
Des prochains arbrisseaux,

Et comme le lierre
En couleuvrant se serre
De maint et maint retour
Tout à l'entour
Du tige et du branchage
De quelque bois sauvage,
Épandant son raisin
Dessus la chevelure
De la verte ramure
Du chêne, son voisin,

Ainsi puissé-je étreindre
Ton beau col et me joindre

Contre l'ivoire blanc
De ton beau flanc,
Attendant l'escarmouche
De ta langue farouche
Et la douce liqueur
Que ta lèvre mignonne,
Libérale, me donne
Pour enivrer mon cœur.

Sus donc, que je t'embrasse !
Avant, qu'on entrelace
Tout autour de mon col
Le marbre mol
De tes longs bras, maîtresse :
Puis me baise et me presse
Et me rebaise encor
D'un baiser qui me tire
L'âme quand je soupire
Dessus tes lèvres d'or.

De moi, si je t'approuche,
J'enterai sur ta bouche
Un baiser éternel,
Continuel :
Puis en cent mille sortes
De bras et de mains fortes
Sur ton col me li'rai
D'un nœud qui longtemps dure
Et par qui je te jure
Qu'en baisant je mourrai.

Si j'ai cet heur, ma vie,
Ni la mort ni l'envie
Ni le somme plus doux
Ni le courroux
Ni les rudes menaces,
Non pas même les Grâces,

Les vins ni les appas
Des tables ensucrées,
De tes lèvres pourprées
Ne m'arracheraient pas.

Mais sur la bouche tienne
Et toi dessus la mienne
Languissants, nous mourrions
    Et passerions,
Deux âmes amoureuses,
Les rives tortueuses
Par dessus la noire eau
Courant dedans la salle
De ce royaume pâle,
En un même bateau.

Là, par les vertes prées
De couleurs diaprées
En ce royaume noir,
    Nous irions voir
Les terres parfumées,
Qui, sans être entamées
Sous le coutre tranchant,
De fécondes mammelles
Les moissons éternelles
Sont toujours épanchant.

Là, toujours y soupire
Un gracieux zéphyre,
Qui d'un vent doucelet,
    Mignardelet,
Se joue et se brandille,
Se branche et se pandille
D'ailerons peinturés,
Sous la forêt myrtine
Et la verte crêpine
Des beaux lauriers sacrés.

Là, les lis et les roses
De leurs robes décloses
Font renaître en tout temps
Un beau printemps,
L'œillet et l'amarante,
Le narcisse et l'acanthe,
Cent mille et mille fleurs
Y naissent, dont l'haleine
L'air, les bois et la plaine
Embâme de senteurs.

Là, sur la rive herbeuse,
Une troupe amoureuse
Rechante le discours
De ses amours :
Une autre, sous l'ombrage
De quelque antre sauvage,
Lamente ses beaux ans,
Mais las ! en ce lieu sombre,
Ce n'est plus rien qu'une ombre
Des images vivants.

Je sais bien qu'à l'entrée
Une troupe sacrée
Clinera devant nous
Et, devant tous,
Nous fera cette grâce
De choisir notre place
Dessus de verts gazons,
Tapissés de verveine,
De thym, de marjolaine
Et d'herbeuses toisons.

Je sais qu'il n'y a dame,
Non celle dont la flamme
Vint la flamme tenter
De Jupiter,

Qui s'offensât, cruelle,
De nous voir devant elle
Nous mettre au plus haut lieu,
Ni celle qui la guerre
Alluma dans sa terre,
Fille de ce grand dieu.

(*La Bergerie,* 1572)

# LES AMOURS ET NOUVEAUX ÉCHANGES DE PIERRES PRÉCIEUSES

## LE BÉRYL

Le béryl que je chante est une pierre fine,
Imitant le vert-gai des eaux de la marine,
Quand les fiers Aquilons mollement accoisés
Ont fait place aux Zéphyrs sur les flots reposés.
Quelquefois le béryl a la face dorée
Comme liqueur de miel fraîchement épurée,
Dont le lustre est faiblet s'il n'est fait à biseau :
Car le rebat de l'angle hausse son lustre beau,
Autrement languissant, morne et de couleur paille
Sans les rayons doublés que lui donne la taille.
Le meilleur est celui dont le visage peint
De l'émeraude fine imite le beau teint :
Seul le rivage indois le béryl nous envoie,
Soit ou vert ou doré. Pour les durtés du foie
Et pour le mal des yeux il est fort souverain :
Les soupirs trop hâtés il apaise soudain,
Le hoquet et les rots : entretient le ménage
De l'homme et de la femme ès lois de mariage :
Il chasse la paresse et, d'un pouvoir ami,
Il rabaisse l'orgueil d'un cruel ennemi.

Béryl, je te suppli', si telle est ta puissance,
Chasse notre ennemi hors les bornes de France,
Trop le peuple français a senti les efforts
De son bras enivré du sang de tant de morts.

(*Les Amours et Nouveaux Echanges de pierres précieuses*, 1576, 1585)

# ÉTIENNE DE LA BOÉTIE

1530-1563

Né à Sarlat, cet homme de droit ne fut pas seulement l'ami de Montaigne qu'il rencontre en 1558 et qui recueillera son dernier soupir avant d'évoquer leur amitié dans ses *Essais* (I, 28). Il est aussi l'auteur du beau *Discours sur la servitude volontaire,* qui ne devait être publié qu'en 1577 et d'un *Mémoire touchant l'Edit de Janvier* (1562) où il se montre aussi favorable à l'esprit de la Réforme que convaincu de la nécessité pratique de l'unité religieuse du royaume. Ses poèmes français témoignent de la fermeté de son cœur et de son style ; ils sont adressés à son épouse Marguerite de Carle. On trouvera ici un des vingt-cinq sonnets que publia Montaigne parmi les *Vers français* en 1571, et quelques-unes des pièces qu'il donna dans le chapitre central du premier livre des *Essais,* « Vingt-neuf sonnets d'Étienne de La Boétie » (I, 29).

**Œuvres essentielles :**

*Vers français*, 1571. Réédition 1953.
*Vingt-neuf sonnets*, (1580). Réédition 1953.

## VERS FRANÇAIS

### SONNETS

II

Je sais ton ferme cœur, je connais ta constance,
Ne sois point las d'aimer et sois sûr que le jour
Que, mourant, je lairrai notre commun séjour,
Encor mourant, de toi j'aurai la souvenance.
J'en prends témoin le dieu qui les foudres élance,
Qui ramenant pour nous les saisons à leur tour,
Vire les ans légers d'un éternel retour :
Le dieu qui les cieux branle à leur juste cadence,
Qui fait marcher de rang aux lois de la raison
Ses astres, les flambeaux de sa haute maison,
Qui tient les gonds du ciel et l'un et l'autre pôle.
Ainsi me dit ma dame, ainsi pour m'assurer
De son cœur débonnaire il lui plut de jurer ;
Mais je l'eusse bien crue à sa simple parole.

(*Vers français,* 1571)

## VINGT-NEUF SONNETS

8

Quand viendra ce jour-là, que ton nom au vrai passe
Par France dans mes vers ? combien et quantesfois
S'en empresse mon cœur, s'en démangent mes doigts ?
Souvent dans mes écrits de soi-même il prend place.
Malgré moi je t'écris, malgré moi je t'efface ;
Quand Astrée viendrait, et la foi et le droit,
Alors, joyeux, ton nom au monde se rendroit.
Ores, c'est à ce temps, que cacher il te fasse,
C'est à ce temps malin une grande vergogne :
Donc, ma dame, tandis, tu seras ma Dordogne.
Toutefois laisse-moi, laisse-moi ton nom mettre,
Aies pitié du temps : si au jour je te mets,
Si le temps te connaît, lors, je te le promets,
Lors il sera doré, s'il le doit jamais être.

9

O, entre tes beautés, que ta constance est belle !
C'est ce cœur assuré, ce courage constant,
C'est parmi tes vertus ce que l'on prise tant :
Aussi qu'est-il plus beau qu'une amitié fidèle.
Or ne charge donc rien de ta sœur infidèle,
De Vézère, ta sœur : elle va s'écartant,
Toujours flottant mal sûre, en son cours inconstant.
Vois-tu comme à leur gré les vents se jouent d'elle ?
Et ne te repens point pour droit de ton aînage
D'avoir déjà choisi la constance en partage.
Même race porta l'amitié souveraine
Des bons jumeaux, desquels l'un à l'autre départ
Du ciel et de l'enfer la moitié de sa part
Et l'amour diffamé de la trop belle Hélène.

12

Quoi ? qu'est-ce ? ô vents, ô nues, ô l'orage ?
A point nommé, quand, moi d'elle approchant,
Les bois, les monts, les baisses vais tranchant,
Sur moi d'aguet vous passez votre rage :
Ores mon cœur s'embrase davantage.
Allez, allez faire peur au marchand
Qui dans la mer les trésors va cherchant :
Ce n'est ainsi qu'on m'abat le courage.
Quand j'ois les vents, leur tempête et leurs cris,
De leur malice en mon cœur je me ris.
Me pensent-ils pour cela faire rendre ?
Fasse le ciel du pire, et l'air aussi.
Je veux, je veux et le déclare ainsi,
S'il faut mourir, mourir comme Léandre.

(*Vingt-neuf sonnets,* 1580)

# JEAN-ANTOINE DE BAÏF

1532-1589

Né à Venise, bâtard du diplomate et humaniste Lazare de Baïf, il suit en même temps que Ronsard et Du Bellay les leçons de Dorat. S'il éprouve quelque difficulté à affirmer dans ses recueils pétrarquistes, *Amours de Méline* (1552) et *Amours de Francine* (1555), une originalité à laquelle il tient plus qu'aucun autre, il y fait la preuve d'un grand sens musical qui le poussera à tenter d'adapter à la langue française la métrique gréco-latine (*Chansonnettes mesurées*, 1586). Il propose aussi une réforme de l'orthographe. Mais ses *Mimes* (1581) restent sans doute son œuvre la plus curieuse.

**Œuvres essentielles :**

*Amours de Méline*, 1552. Réédition 1885.
*Amours de Francine*, 1555. Réédition 1885.
*Les Jeux, les Eglogues*, 1573. Réédition 1886.
*Les Mimes*, 1581. Réédition 1886.

# AMOURS DE MÉLINE

## I

35

Mets-moi dessus la mer d'où le soleil se lève
Ou près du bord de l'onde où sa flamme s'éteint :
Mets-moi au pays froid où sa chaleur n'atteint
Ou sur les sablons cuits que son chaud rayon grève :
Mets-moi en long ennui, mets-moi en joie brève,
En franche liberté, en servage contraint :
Soit que libre je sois ou prisonnier restreint,
En assurance ou doute, ou en guerre ou en trève :
Mets-moi au pied plus bas ou sur les hauts sommets
Des monts plus élevés, ô Méline, et me mets
En une triste nuit ou en gaie lumière :
Mets-moi dessus le ciel ; dessous terre mets-moi,
Je serai toujours même et ma dernière foi
Se trouvera toujours pareille à la première.

II

19

O doux plaisir, plein de doux pensement,
Quand la douceur de la douce mêlée
Étreint et joint, l'âme en l'âme mêlée,
Le corps au corps d'un mol embrassement.
O douce vie ! ô doux trépassement !
Mon âme alors, de grand'joie troublée,
De moi en toi cherche d'aller emblée,
Puis haut, puis bas s'écoulant doucement.
Quand, nous ardants, Méline, d'amour forte,
Moi d'être en toi, toi d'en toi tout me prendre
Par cela mien qui dans toi entre plus,
Tu la reçois, me laissant masse morte :
Puis vient ta bouche à ma bouche la rendre,
Me ranimant tous mes membres perclus.

*(Amours de Méline,* 1552*)*

## AMOURS DE FRANCINE

IV

4

(...) « Amour, que fait Francine ? a-telle
[souvenance
De son pauvre captif, qui en tourment nouveau
De soi-même est absent durant sa dure absence ?
Fais-la se souvenir de la grande tristesse
Que j'ai en la voyant : remets devant ses yeux
Le mal de son amour qui jamais ne me laisse.
Tu as assez aux champs de quoi faire apparaître
Combien me fait de mal son amour envieux,
Qu'elle allégera bien, s'elle veut le connaître.
S'elle voit la verdeur, que soudain elle pense
Avec mille regrets mes espoirs verdoyants,
Qui me font pourchasser l'ombre de récompense !
Si d'un vent elle entend quelque sifflante haleine,
Par le feuillage épais des chênes se ployants,
Qu'il lui semble écouter les soupirs de mes peines !
Si quelque beau fleuron dessus l'herbe elle amasse
Qui, à l'ombre nourri, fleurisse vigoureux,
Qu'elle songe que peut la fraîcheur de sa grâce !
Et s'elle vient à voir quelque fleur fanissante
Sous les rayons brûlants du soleil chaleureux,
Qu'elle pense à ma vie en amour languissante ! » (...)

(*Amours de Francine,* 1555)

## LES JEUX

### EGLOGUE II

BRINON

Pucelles, qui aimez les verdoyants rivages
Et près du bruit des eaux la fraîcheur des ombrages,
Vous, qui ne dédaignez, ô nymphes aux beaux yeux,
Nos champêtres chansons par ces champêtres lieux :
Aidez ma voix champêtre. A Brinon je veux dire
Un chant que sa Sidère une fois daigne lire,
Un chant de mon Brinon que sa Sidère un jour
Ne lise sans jeter quelque soupir d'amour.
Nul, nymphes, ne vous suit en plus grand'révérence
Qu'il adorait les pas de votre sainte danse :
C'est pour lui que je veux, naïades, vous prier :
Voudriez-vous à Brinon vos présents dénier ?
Pucelles, commencez : ainsi la bande folle
Des satyres bouquins votre fleur ne viole :
Si vous dansez, ainsi ne trouble vos ébats,
Et si vous reposez, ne vous surprenne pas !
Pucelles, commencez : où vous touchez, pucelles,
Où vous mettez la main, toutes choses sont belles :
Chantez avecques moi : de Brinon langoureux
Recordons les amours en ce chant amoureux.
Tandis, par ces halliers mes chèvres camusettes
Brouteront les jetons des branches nouvelettes.

Je ne chante à des sourds. Ce vallon et ce bois
Déjà se tiennent prêts pour répondre à ma voix.
Nymphes, quel mont lointain, quelle forêt ombreuse,
Quel fleuve, quel rocher, quelle caverne creuse
Vous détint, quand Brinon, d'amour tout éperdu,
Son âme sanglotait, dessus l'herbe étendu ?
Étaient-ce les lauriers dont Hélicon verdoie
Ou l'eau qui doucement au beau Permesse ondoie
Ou l'antre désiré du roc aonien
Ou le sommet cornu du mont parnassien ?
Car vous n'étiez alors sur les rives de Seine,
Où l'amant languissant de l'amoureuse peine,
Couché piteusement, toute chose allumait
De pitié, fors le cœur de celle qu'il aimait.
Même les genevriers et même les épines
Pleurèrent son malheur : les ondes argentines,
Qui nettes paravant coulaient par les ruisseaux,
Et crûrent de leurs pleurs et troublèrent leurs eaux.
Tout y accourt des champs : le bétail, qui s'étonne
De se voir sans pasteur, tout triste, l'environne.
Bergers et pastoureaux là ne faillirent pas,
Ceux-ci d'un train pesant, ceux-là d'un vite pas,
Venant des environs : et chacun lui demande :
« Mais d'où te vient, Brinon, cette langueur si grande ? » (...)

*(Les Jeux, Les Eglogues,* 1573*)*

EGLOGUE XVIII

LE SATYREAU

(...) LA PASTOURELLE : Or montre-moi ton beau verger
Et puis irons voir tes étables
Où ton bétail vient héberger.
LE PASTOUREAU : C'est à moi, ce beau rang d'érables
Et ces ombrages délectables.
LA PASTOURELLE : Mes chèvres, broutez bien et beau
Tandis qu'irai voir l'héritage
Et le verger du pastoureau.
LE PASTOUREAU : Mes bœufs, n'épargnez cet herbage
Tandis que serons à l'ombrage.
LA PASTOURELLE : Vois, que fais-tu ? ôte la main :
Veux-tu point autrement te feindre,
Satyreau, de tâter mon sein ?
LE PASTOUREAU : Laisse-moi un petit étreindre
Ces pommes qui ne font que poindre.
LA PASTOURELLE : Après, ô sus, ôte ta main,
Je suis comme toute engourdie :
Que je sens mon cœur faible et vain !
LE PASTOUREAU : Que crains-tu ? tu trembles, m'amie :
Fille, tu n'es guère hardie !
LA PASTOURELLE : Me veux-tu par terre touiller
Et ma belle robe de fête
Dans la fange veux-tu souiller ?
LE PASTOUREAU : Nenni non, je suis trop honnête :
Mon manteau pour t'assoir j'apprête.

LA PASTOURELLE : Ha, las ! ha, las ! Que cherches-tu
Levant ma cotte et ma chemise :
Ha je n'ai force ni vertu.
LE PASTOUREAU : Je poursuis la douce entreprise
D'un amant qui sa belle a prise.
LA PASTOURELLE : Demeure, mauvais que tu es :
Si quelqu'un nous venait surprendre ?
J'ois du bruit entre ces cyprès.
LE PASTOUREAU : Les arbres font semblant d'entendre
Le plaisir que nous allons prendre.
LA PASTOURELLE : Ma colerette de fin lin
Par lopins tu as déchirée
Et m'as mis à nu le tétin.
LE PASTOUREAU : Je t'en donne une mieux ouvrée
Et de toile plus déliée.
LA PASTOURELLE : Tu donnes tout pour m'abuser :
Mais après que serai ta femme
Du sel me viendras refuser.
LE PASTOUREAU : En te donnant même mon âme
Que je puisse t'en faire dame !
LA PASTOURELLE : J'étais pucelle en m'en venant
Au jeu d'amour toute nouvelle,
Je m'en vas femme maintenant.
LE PASTOUREAU : Mère seras, nourrice et telle,
Plus jamais ne seras pucelle.

(*Les Jeux, les Eglogues,* 1573)

## LES MIMES

La lyre à l'âne, au porc la harpe :
Hase au vivier, au clapier carpe.
Qui l'oit ne l'oit : qui voit ne voit.
L'ignorance est mal volontaire.
C'est grand mal telle faute faire,
Qui refait horreur si on l'oit.
Hors de raison tout extravague :
En exil la vérité vague :
L'art non art suit principes faux.
Pour ne voir plus les choses nettes
Les hommes ont fausses lunettes :
Ignorance nous fait chevaux.
Esprit volant d'aile légère
Trébuche son homme en misère.
Ne déprise avant que priser.
Celui qui lourd porte une tête
Plutôt que d'homme d'une bête,
Ne sait priser ni dépriser.
Du bonheur vient la nonchalance,
De nonchalance l'ignorance,
D'ignorance part le mépris.
Du mépris sourd la félonie,
De félonie la tyrannie :
Du tyran la mort est le prix. (...)

(*Les Mimes*, 1581)

# ÉTIENNE JODELLE

1532-1573

Né à Paris dans une famille bourgeoise, il entre en contact vers le milieu du siècle avec les lettrés lyonnais, puis avec la Pléiade, qui voit en lui son poète tragique ; la représentation de sa *Cléopâtre captive* (1553) sera même suivie d'une bacchanale qui inspira des « dithyrambes » à Ronsard et Baïf. Mais il lui manque les faveurs d'un prince et peut-être la constance nécessaire à la publication d'un livre. Après l'échec d'une fête réglée par ses soins pour Henri II et le duc de Guise, il joue de malheur : pour des raisons inconnues, il se trouve condamné à mort en 1564. S'il incline un temps vers le calvinisme, le goût de l'ordre l'amène, après la paix d'Amboise, et sa rupture en 1567, à s'engager dans le combat contre les huguenots : son *Avertissement du peuple de Paris aux paysans* sera distribué dans la ville quatre jours après la Saint-Barthélemy. Ses œuvres amoureuses, dont la plus éminente dédicataire fut Claude-Catherine de Retz, rendent un son amer et rompu. Elles seront publiées après sa mort, en 1574, par Charles de la Mothe, au grand dam de Ronsard, convaincu que les meilleurs vers de Jodelle y manquaient.

Une telle vie mériterait bien des romans : Florence Delay a écrit l'un d'eux, *L'Insuccès de la fête* (1980).

**Œuvres essentielles :**

*Œuvres et mélanges poétiques*, 1574.
*Recueil des inscriptions, figures, devises et mascarades*, 1574.
*Œuvres complètes*, Gallimard 1968.

# ŒUVRES ET MÉLANGES POÉTIQUES

## ODE D'ÉTIENNE JODELLE, PARISIEN, A CLAUDE COLET, CHAMPENOIS

Le temps malheureux où nous sommes,
Plombant les lourds esprits des hommes,
Ne permet qu'on puisse honorer
Ceux qui, bannissant l'ignorance,
Tâchent de retramer en France
L'âge qui nous viendrait dorer :
Sans notre envenimé courage
Qui, rejetant chacun ouvrage,
Veut toujours sa rouille endurer.

Même le mal, qui plus étrange
Nourrit notre cœur en sa fange,
C'est toujours que nous trouvons bien
Quelque raison, quelque défense
Pour battre contre notre bien,
Sans que pour la chose louable
(Bien qu'elle nous soit profitable)
Notre esprit se condamne en rien.

Tant est la venimeuse envie
Familière de notre vie
Qu'un bien est plutôt déjeté
Qu'un mépris d'un bien salutaire,
D'un bien qui même pourrait plaire,

Puisse être des hommes quitté :
Et ne faut point que l'on écrive
En espoir qu'au monde l'on vive,
Sinon par la postérité.

Du philosophe, du poète
La peine à ceci est sujette
Qu'on n'eût point écrit au milieu
De nos vieux païens autre chose
Que cela qu'écrire l'on ose ;
Voire s'on écrivait de Dieu ;
On trouverait qu'Hypocrisie
Ou bien que l'aveugle Hérésie
En tels écrits aurait son lieu.

Ne sais-tu pas que j'emprisonne
Les grâces que le ciel me donne
Dessous un silence obstiné ?
Bien que je sente en moi la gloire
Et poétique et oratoire :
Bien que le Ciel m'ait destiné
Pour plus haute philosophie
Et bien que brave je me fie
D'être au monde heureusement né.

Mais quand on me verrait confondre
Tous nos anciens et refondre
Des sciences un rond nouveau,
On ne verrait point que ma France
Vînt étrenner telle assurance,
Sinon que d'un obscur tombeau,
Pour se rendre à son bien contraire
Et de ses amis adversaire
Ne souffrir un esprit plus beau.

(*Œuvres et mélanges poétiques,* 1574)

# RECUEIL DES INSCRIPTIONS, FIGURES, DEVISES ET MASCARADES

## CHAPITRE EN FAVEUR D'ORLANDE, EXCELLENT MUSICIEN

S'il faut que tes chansons graves ensemble et douces,
Sur l'aile des beaux chants qu'on leur doit inventer,
Jusqu'aux rois (ô ma Muse), ains jusqu'aux dieux tu
[pousses ;

Des vers en contre-échange ici tu dois chanter
Pour Orlande, qui peut aux vers l'aile si belle
D'un heur, d'un air, d'un art admirable prêter.

L'aile qu'Orlande peut donner aux vers est telle
Que son vol animé de mouvements si beaux,
Si prompts, si hauts, surpasse en volant toute autre aile.

D'enfer au ciel, du ciel aux infernales eaux,
Mercure en un moment remonte et redévale,
Ayant au chef, aux pieds ses ailerons jumeaux.

Ce beau vol peut porter à la rive infernale
Nos vers, au ciel, aux coins de terre, sans peur
De ce qui fit en mer choir le fils de Dédale.

Mercure aussi qu'on fait fort subtil inventeur
En musique, peut-être est la musique même,
Haussant, baissant, par tout ce beau vol enchanteur.

Puis donc qu'un tel art donne et course et force extrême
Aux vers, et puisqu'Orlande, un tel vol façonnant,
Est des vieux et nouveaux ouvriers l'ouvrier suprême :

Muses qui d'un tel art irez toujours tenant,
Comme l'art tient de vous, il ne faut qu'on refuse
D'orner ce qui vous peut donner tant d'ornement.

Puis la musique a pris son beau nom de la Muse ;
Même l'air des beaux chants inspirés dans les vers
Est comme en un beau corps une belle âme infuse.

Le ciel qui roide emporte avec soi l'univers,
Retournant tant de ronds, une harmonie engendre
Par leurs accords tirés de leurs discords divers.

Si l'humain sens pouvait de ces cercles entendre
Le bruit qui, de discords sans règle et infinis,
En tant d'accords réglés et finis se vient rendre,

Tous les plaisirs humains seraient de nous bannis :
Mais au défaut des sens, nos esprits de divine
Essence, absents des corps, sont au ciel réunis :

Et rapprenant au lieu de leur haute origine
Tous ces sons qu'ils avaient autrefois entendus,
En rapportent des tons dans leur frêle machine :

Même aucuns d'eux sitôt qu'ils sont redescendus,
Tâchent faire imiter à leurs sens l'harmonie
Qui d'aise les avait pareils aux dieux rendus.

(*Recueil des inscriptions, figures, devises et mascarades,* 1574)

# CONTRE LES MINISTRES DE LA NOUVELLE OPINION

21

Je sais que mille écrits, l'apparence du vrai,
Les passages déjoints, l'ardeur de contredire,
L'amour des nouveautés avec excuse attire
Maint et maint à ces gens, desquels j'ai fait l'essai.
Je sais qu'en nos prélats gît force abus, je sais
Que maint, qui seulement à son salut aspire,
Pense d'homme de bien trouver ce qu'il désire
Aux autres, qu'il n'a pas si bien sondé que j'ai.
Je sais que c'est grand bien de bannir de l'Église
Tout abus, jurement, larcin et paillardise,
Mais les voyant doubler tant de séditions,
Je sais sous ombres saintes en leurs âmes s'enclore
De tout temps un orgueil qui couve et fait éclore
Tant de monstres, naissants pour nos perditions.

## AVERTISSEMENT DU PEUPLE DE PARIS AUX PAYSANS

2

Tenter par tous moyens de surprendre son roi,
Pour le rendre captif, et de flammes civiles
Saccager et brûler les châteaux et les villes,
Suborner l'étranger et l'attirer à soi ;
Détester le papat, la justice et la loi,
Dessous un masque fin tromper les plus habiles,
Faire un monde nouveau et de ruses gentilles
Caresser le parjure et, plus, manque de foi ;
Ouvrir à l'ennemi les ports et les passages,
Tourner tout à risée et de mains sacrilèges
Souiller d'impiété les sépulcres des morts ;
Contrefaire le froid et brûler dedans l'âme
Du feu d'ambition, c'était la fine trame
Qu'ourdissaient à la Cour les frères plus accorts.

3

Mais Dieu qui tient en main la force et la grandeur
De Charles, ce grand roi, et qui fait qu'il prospère
Sous les sages avis de la reine, sa mère,
Reine qui fait renaître en France le bonheur,
Enfin leur a montré ce que peut la fureur
De son bras rougissant de foudre et de colère,
Saccageant, meurtrissant d'une entreprise fière
Ce monstre qui tenait tout le monde en erreur.
Ennemis de repos, de Dieu et de nos princes,
Ennemis conjurés du peuple et des provinces,
Immortels ennemis de l'honneur des tombeaux,
Et sans tombeaux aussi vos charognes puantes
Roulent dessus les eaux et ne servent errantes
Que d'amorce aux poissons et de gorge aux corbeaux.

(*Avertissement du peuple de Paris aux paysans*, 1572)

## SONNETS

Comme un qui s'est perdu en la forêt profonde
Loin de chemin, d'orée et d'adresse et de gens :
Comme un qui en la mer grosse d'horribles vents
Se voit presque engloutir des grands vagues de l'onde :
Comme un qui erre aux champs, lorsque la nuit au
[monde
Ravit toute clarté, j'avais perdu longtemps
Voie, route et lumière et presque avec le sens
Perdu longtemps l'objet où plus mon heur se fonde.
Mais quand on voit (ayant ces maux fini leur tour)
Aux bois, en mer, aux champs, le bout, le port, le jour,
Ce bien présent plus grand que son mal on vient croire.
Moi donc qui ai tout tel en votre absence été,
J'oublie en revoyant votre heureuse clarté,
Forêt, tourmente et nuit, longue, orageuse et noire.

☆

Quelque lieu, quelque amour, quelque loi qui t'absente
Et ta déité tâche ôter de devant moi,
Quelque oubli qui, contraint de lieu, d'amour, de loi,
Fasse qu'en tout absent de ton cœur je me sente :
Tu m'es, tu me seras pourtant sans fin présente
Par le nom, par l'effet fatal qui est en toi,
Partout tu es Diane, en tout rien je ne vois

Qui mon œil, qui mon cœur de ta présence exempte.
En la terre et non pas seulement aux forêts,
De moi vivant l'objet continuel tu es,
Étant Diane : et puis si le ciel me rappelle,
O Lune, ton bel œil mon heur malheurera :
Si je tombe aux enfers, mon seul tourment sera
De souffrir sans fin l'œil d'une Hécate tant belle.

☆

Quel désert, quel enfer, quelle guerre sanglante
A rien tel que l'horreur de mon affliction ?
Quel tonnerre est égal à cette affliction
Dont je sens en mon âme une ardeur violente ?
Tout l'effroi d'un désert, la fureur plus ardente
De l'enfer ténébreux et cette passion
D'une guerre effroyable à quelque nation
Est moins que rien auprès du feu qui me tourmente.
Je suis toujours en crainte et toujours en fureur,
Toujours en quelque alarme, ayant dedans le cœur
Mille douteux éclats de l'amoureuse foudre.
Encor d'un vain espoir je repais mes tourments,
Espérant l'impossible aux vagues des amants,
Vu la rigueur du lien qui m'a réduit en poudre.

☆

O traîtres vers, trop traîtres contre moi
Qui souffle en vous une immortelle vie,
Vous m'appâtez et croissez mon envie,
Me déguisant tout ce que j'aperçois.
Je ne vois rien dedans elle pourquoi
A l'aimer tant ma rage me convie :
Mais nonobstant ma pauvre âme asservie
Ne me la feint telle que je la vois.
C'est donc par vous, c'est par vous traîtres carmes,
Qui me liez moi-même dans mes charmes,

Vous, son seul fard, vous, son seul ornement,
Jà si longtemps faisant d'un Diable un Ange,
Vous m'ouvrez l'œil en l'injuste louange
Et m'aveuglez en l'injuste tourment.

☆

En quelle nuit, de ma lance d'ivoire,
Au mousse bout d'un corail rougissant,
Pourrai-je ouvrir ce bouton languissant
En la saison de sa plus grande gloire ?
Quand verserai-je, au bout de ma victoire,
Dedans sa fleur le cristal blanchissant,
Donnant couleur à son teint pâlissant
Sous le plaisir d'une longue mémoire ?
Puisse-elle tôt à bonne heure venir
Pour m'engraver un joyeux souvenir,
Tardant si peu de son cours ordinaire
Qu'elle voudra l'ombre noir qui la suit,
Car de la nuit le clair jour je puis faire
Et du clair jour l'ombreuse noire nuit.

(*Œuvres et mélanges poétiques*, 1574)

# GLOSSAIRE

abas : en bas.
abîmer : se jeter dans un abîme.
absoudre : achever.
Achille : la rouille de sa lance guérissait les blessures qu'elle infligeait.
accointer : faire connaître.
accoiser : apaiser.
accort : astucieux.
acquerre : acquérir.
Acrise : Acrisios, père de Danaé.
aetéans : d'Eétès, roi de Colchide, père de Médée, qui imposa à Jason de semer des dents de dragon produisant de terribles guerriers.
afférir : convenir.
aguet (d') : inopinément.
ains : mais, ou plutôt.
Alain : Alain Chartier.
amaritude : amertume.
amer : aimer.
amortir : mettre à mort.
aonien : de Béotie.
apparoir : apparaître.
appendre : suspendre.
apert : ouvert.
Ardent : feu-follet.
ardre : brûler.
Ascréan : Hésiode, né à Ascra.
*asperges : Asperges me domine*, début d'un chant qui accompagnait la bénédiction initiale de la messe.
assister : se tenir auprès.
atant : alors.
Atlas : géant, oncle de Mercure.
atrament : teinture noire.
aucun : quelque.

baisse : vallée.
baller : danser.
basilique : basilic, animal dont le regard tue ; mais emblème d'éternité.
Biblis : Byblis, amoureuse de son frère, fut changée en fontaine.
bienheurté : béatitude.
blandir : caresser.
brandiller : brandir.
bric : piège.
bussard : tonneau (des Danaïdes).

caut : rusé.
celle : cette.
cestui : ce, celui.
*chambelle* (ital. : ciambella) petit gâteau.
chatouiller : exciter.
ci : ici.
cil : celui.
circunder : entourer.
classe : flotte.
cliner : s'incliner.
clouit : ferma (clore).
cocodrille : le crocodile passait pour suivre ceux qui le fuyaient et inversement.
combien que : bien que.
compasser : estimer.
condigne : convenable.
conquerre : conquérir.
conspect : regard.
contemner : mépriser.
contendant : se dirigeant.
convoyer : accompagner.
coupeau : sommet.
courage : cœur.
crêpé : bouclé.
cuider : croire.
Cynthienne : Diane, déesse de Cynthe.

davitique : de David.
débriser : détruire.
déduit : plaisir.
dégoiser (se) : chanter.
délivre : libéré.
démener : mener.
Démogorgon : époux de Chaos, père d'Erèbe et de Pan.
denterelle : chute des dents.
départie : séparation.
dépendre : dépenser.
dictier : texte.
dircéan : de Dircé, la fontaine de Pindare, près de Thèbes.
discourir : parcourir.
distant : distance.
dont : d'où.
douloir (se) : se plaindre.
duire : convenir.

Edonides : les Bacchantes, qui célébraient leurs orgies sur le mont Edon.
échafaud : estrade.

écheller : escalader.
efforcer : contraindre.
Eleuthère : ville grecque, dont le nom signifie « libre ».
embâmer : embaumer.
encerceler : enfermer dans un cercle.
énerver : affaiblir.
ennuyer : accabler.
enquerre : enquérir.
entailler : graver.
entelette : greffon.
escouffle : milan.
Eride : Eris, la Discorde.
Eson : père de Jason.
espreint : imprimé.
étrange : étranger.
évante : criant évohé !
exécuteur : bourreau.

falloir : faire défaut.
fantaisie : faculté de connaître ou d'inventer par images.
faquin : portefaix.
fère : bête sauvage.
fiance : confiance.
fonde : fronde.
fruition : jouissance.

gaudir (se) : se moquer.
gélasin : fossette.
genèvre : genièvre, emblème d'immortalité.
George : Georges Chastellain.
glasser (se) : se glisser.
grégeois : grec.
grief : grave.
guelfe : contrairement aux Gibelins, les Guelfes portaient la plume à droite de leur chapeau.
guimple : chemise.
guinder : soulever.

harsoir : hier soir.
hasard : danger.
heur : bonheur, sort.
hostie : victime.

icelle, icelui, iceux : celle, celui, ceux.
illécèbre : séduction.
impourvue : faute de prévision.
indique, indois : indien.
indélèble : indélébile.
issir : sortir.
itérer : répéter.

jà : désormais, maintenant.
jointe : articulation.
Josquin : Josquin des Prés.
jouxte : en conformité avec.

lairrai : laisserai.
lame : pierre tombale.
là-sus : là-haut.
latèbres : lieux secrets.
Léandre : mort noyé en tentant de rejoindre sa bien-aimée.
létharge : oubli.
locande (ital. locanda) : à louer.
los : louange.
loucerve : lynx.

Maie : Maia, mère de Mercure.
mal des mois : menstrues.
male : mauvais.
manicle : menotte.
marcher : fouler.
Marphise et Bradamante : héroïnes du *Roland furieux*.
marmouser : grogner.
marquer : faire attention.
mat : abattu.
Matrée : Matréas, hâbleur d'Alexandrie, aurait possédé une bête qui se dévorait elle-même.
méchef : dommage.
mécroire : soupçonner.
mêmement : en particulier.
mercier : remercier.
mettre pour : parier sur.
moleste : pénible.
Morus : Thomas More, exécuté en 1535.
moutier : monastère.

nauf : navire.
noise : bruit.
notice : connaissance.
nubileux : nuageux.

oblivion : oubli.
ocieux : inactif.
ois, ois, ot/oit : présent du verbe ouïr.
ondoyer : inonder.
or, ore, ores : maintenant.
Orlande : Roland de Lassus.
outrepasse : prodige.

pandiller : étendre.
papat : pape.
papegai, papegail : perroquet.
parfin : extrême fin.

parfournir : suffire.
parvant : auparavant.
passager (ital.) : se promener.
passeveloux : amarante.
pelissé : écorché.
pénible : endurant.
pensement : pensée.
petit (un) : un peu.
Philomenne : Philomèle fut changée en rossignol, sa sœur, Progne, en hirondelle.
plaid : plaidoyer.
plain, plaint : plainte.
poindre : piquer.
pource : pour cette raison.
premier : d'abord.
première : jeu de cartes.
prospective : perspective.
prouver : éprouver.
puît : puisse.

quantes fois : combien de fois.
querelle : plainte.
quérir, querre : aller, chercher (part. : quis).

rafle : jeu de dés.
ramage : sauvage.
recoursé : retroussé.
recouvrance : recouvrement.
refraindre : réfréner.
rélucence : action de reluire.
révoquer : rappeler.
rire, ris : sourire.
rousoyer : se couvrir de rosée.

sacre : sacré.
saisir : mettre en possession.
salvie : sauge.
sarbacane : tuyau.
semondre : inciter.
SEX. : abréviation épigraphique de Sextus.
*sfrizer* (ital. sfregiare) : balafrer.
si : ainsi, aussi, pourtant.
souef : agréable.
souloir : avoir l'habitude.
stygial : du Styx.
summet : sommet.
supplir : pourvoir.
sus : dessus.

tandis : entre-temps.
tant que : jusqu'à ce que.
Témistitan : en Amérique (Montaigne, *Essais*, II, 12).
Thébain (vieil) : Amphion.
tire : préparation.
tirer : dessiner.
tissir : tresser.
Tithon : époux de l'Aurore.
Toison : Toison d'or, conquise par Jason.
Tolose : Toulouse, dont l'or volé passait pour maudit.
tourbe : populace.
tourtre : tourterelle.
trac : trace.
transnouer : passer à la nage.
travail, travailler : tourment, tourmenter.
tréluire : briller.
treuver : trouver.
trente-et-un (ital.) : humiliation qu'inflige à une femme toute une maisonnée, en la violant.
trombe : trompe.
trop : beaucoup.
Typhée : Typhon, géant, fils de Gaïa et de Tartare. Sa sœur Echidna enfanta des monstres : Cerbère, la Chimère, l'hydre de Lerne, le lion de Némée.
Tytie : Tityos, géant ; aux Enfers, ce voisin d'Ixion et de Sisyphe, se fait dévorer le foie par deux vautours, pour avoir attenté à la pudeur de Léto.

vêpre : soir.
verboyer : parler.
véréconde : honteux.
vertir : tourner.
voise : aille.

zèle : jalousie.

# TABLE

INTRODUCTION d'Alain Masson ........ 9
AVERTISSEMENT ........ 19

## Jean Lemaire De Belges

Présentation ........ 21

ŒUVRES
Oraison à la Vierge ........ 23
LA PLAINTE DU DÉSIRÉ
Rhétorique ........ 25
Peinture ........ 26
EPÎTRES DE L'AMANT VERT
*Certes tu es (dirai-je ce dur mot ?)* ........ 29
LA CONCORDE DU GENRE HUMAIN
*Le genre humain, dès longtemps misérable* ........ 31

## Mellin De Saint-gelais

Présentation ........ 33

ŒUVRES
Dizain *L'heureux présent* ........ 35
D'un bouquet d'œillets gris et rouges ........ 36
ŒUVRES POÉTIQUES 1573
D'un présent de cerises ........ 37
A une damoiselle ........ 39
Sonnet 15 *Mis au devant d'un petit traité* ........ 40
En une image de Sainte Catherine, aux heures de la reine, nommée Catherine ........ 41
Dizain *Si la beauté qui vous rend si aimable...* ........ 42

## Marguerite De Navarre

Présentation ........ 43

LES MARGUERITES DE LA MARGUERITE DES PRINCESSES
CHANSONS SPIRITUELLES
*Si quelque injure l'on vous dit* ........ 45
*Voici nouvelle joie* ........ 46
*Descendons bas en notre âme* ........ 47
La Mort et Résurrection d'Amour ........ 49

## Antoine Heroët

Présentation ........ 53

LA PARFAITE AMIE
PREMIER LIVRE
*S'il veut beauté, belle lui semblerai...* ........ 55
SECOND LIVRE
*« Cela ne vient d'humaine affection »* ........ 57
TROISIÈME LIVRE
*Tous les écrits et larmoyants auteurs* ........ 58

## Clément Marot

Présentation ........ 61

ŒUVRES
Le Temple de Cupidon ........ 63
ÉPÎTRES
II. A son ami Lyon ........ 67
EGLOGUE AU ROI SOUS LES NOMS DE PAN ET ROBIN
*Sur le printemps de ma jeunesse folle* ........ 70
ÉPIGRAMMES
165 – Du mois de mai et d'Anne ........ 74
177 – De oui et de nenni ........ 74
RONDEAUX
39 – Rondeau de sa grande amie ........ 75
79 – Rondeau du Guay ........ 76
CHANSONS
Chanson 25 – Du jour de Noël ........ 77
Chanson 27 – *D'amours me va tout au rebours* ........ 78

Chanson 33 – *La plus belle des trois sera...* 78
ŒUVRES
Sermon du Bon Pasteur et du Mauvais, pris et extrait du dixième chapitre de Saint Jean 79

## MAURICE SCÈVE

Présentation 85

DÉLIE
A sa Délie 87
SOUFFRIR NON SOUFFRIR
1 – *L'œil trop ardent en mes jeunes erreurs...* 87
2 – *Le Naturant par ses hautes Idées* 88
17 – *Plutôt seront Rhône et Saône déjoints* 88
22 – *Comme Hécaté tu me feras errer...* 88
46 – *Si le désir, image de la chose...* 89
60 – *Si c'est Amour, pourquoi m'occit-il donques ?* 89
73 – *Fuyant les monts, tant soit peu, notre vue...* 90
79 – *L'aube éteignait étoiles à foison* 90
80 – *Au recevoir l'aigu de tes éclairs* 91
104 – *L'affection d'un trop hautain désir* 91
118 – *Le haut penser de mes frêles désirs* 91
133 – *Le vêpre obscur à tous le jour clouit...* 92
134 – *Sainte Union pouvait seule accomplir* 92
135 – *Qui ce lien pourra jamais dissoudre...* 93
136 – *L'heur de notre heur enflambant le désir...* 93
147 – *Le doux sommeil de ses tacites eaux...* 93
164 – *Comme corps mort vaguant en haute mer* 94
221 – *Sur le printemps que les aloses montent* 94
230 – *Quand je te vis orner ton chef doré* 95
231 – *Incessamment mon grief martyre tire* 95
247 – *Nature en tous se rendit imparfaite* 95
259 – *De toute mer tout long et large espace* 96
328 – *Tant variable est l'effet inconstant* 96
329 – *Voudrais-je bien par mon dire attraper* 97
339 – *Ainsi que l'air des nues se dévêt* 97
346 – *A si haut bien de tant sainte amitié* 98
355 – *L'aube venant pour nous rendre apparent* 98
413 – *Honnête ardeur en un très saint désir* 98
449 – *Flamme si sainte en son clair durera* 99

## Nostradamus


Présentation ........ 101

LES CENTURIES PROPHÉTIQUES
I – 57 – *Par grand discord la trombe tremblera...* ........ 103
II – 58 – *Sans pied ni main par dent aiguë et forte...* ........ 103
III – 13 – *Par foudre en l'arche or et argent fondu...* ........ 104
III – 84 – *La grand cité sera bien désolée* ........ 104
IV – 27 – *Salon, Mansol, Tarascon de SEX. l'arc* ........ 104


## Jacques Peletier Du Mans


Présentation ........ 105

ŒUVRES POÉTIQUES
Au seigneur Pierre de Ronsard l'invitant aux champs ........ 107
A ceux qui blâment les mathématiques ........ 110


## Pernette Du Guillet


Présentation ........ 113

RIMES
*L'heur de mon mal, enflammant le désir* ........ 115
*Pour contenter celui qui me tourmente* ........ 115
*Soit que par égale puissance* ........ 115
*Je suis la Journée* ........ 116
Désespoir ........ 118


## Pontus De Tyard


Présentation ........ 119

DEUXIÈME LIVRE DES ERREURS AMOUREUSES
2 – *Je n'ai encor de la sainte eau su boire* ........ 121
TROISIÈME LIVRE DES ERREURS AMOUREUSES
4 – *Père divin, sapience éternelle* ........ 122

10 – *Œil éloigné du jour qui te recrée* ..... 122
LIVRE DE VERS LYRIQUES
Ode 2, Au jour des Bacchanales ..... 124
Ode Les Roses de son île ..... 126
NOUVELL'ŒUVRES POÉTIQUES 1573
6 – *Père du doux repos, Sommeil père du Songe* ..... 129
7 – *Sommeil, fils de la nuit, faveur chère à nos yeux* ..... 129
Elégie à Pierre de Ronsard ..... 131

## Joachim Du Bellay

Présentation ..... 133

L'OLIVE
81 – *Celle qui tient l'aile de mon désir* ..... 135
82 – *Vous qui aux bois, aux fleuves, aux campaignes* ..... 135
83 – *Déjà la nuit en son parc amassait* ..... 136
112 – *Dedans le clos des occultes Idées* ..... 136
113 – *Si notre vie est moins qu'une journée* ..... 137
114 – *Arrière, arrière, ô méchant populaire* ..... 137
RECUEIL DE POÉSIES
Ode 14 – *Neveu d'Atlas, qui donnas le pouvoir* ..... 139
LES REGRETS
5 – *Ceux qui sont amoureux, leurs amours chanteront* ..... 142
6 – *Las, où est maintenant ce mépris de Fortune ?* ..... 142
9 – *France, mère des arts, des armes et des lois* ..... 143
12 – *Vu le soin ménager dont travaillé je suis* ..... 143
13 – *Maintenant je pardonne à la douce fureur* ..... 144
31 – *Heureux qui, comme Ulysse, a fait un beau voyage* ..... 144
32 – *Je me ferai savant en la philosophie* ..... 145
79 – *Je n'écris point d'amour, n'étant point amoureux* ..... 145
80 – *Si je monte au Palais, je n'y trouve qu'orgueil* ..... 146
81 – *Il fait bon voir (Paschal) un conclave serré* ..... 146
82 – *Veux-tu savoir (Du Thier) quelle chose c'est Rome ?* ..... 147
LES ANTIQUITÉS DE ROME
1 – *Divins esprits, dont la poudreuse cendre* ..... 148
10 – *Plus qu'aux bords aetéans le brave fils d'Eson* ..... 148
15 – *Pâles esprits, et vous, ombres poudreuses* ..... 149
22 – *Quand ce brave séjour, honneur du nom latin* ..... 149
27 – *Toi qui de Rome, émerveillé, contemples* ..... 150
28 – *Qui a vu quelquefois un grand chêne asséché* ..... 150
SONGE
14 – *Ayant tant de malheurs gémi profondément* ..... 152

15 – *Finalement, sur le point que Morphée* ........ 152
DIVERS JEUX RUSTIQUES
3 – *D'un vanneur de blé aux vents* ........ 154
36 – *La vieille courtisane* ........ 155

## LOUISE LABÉ

Présentation ........ 161

SONNETS
2 – *O beaux yeux bruns, ô regards détournés* ........ 163
3 – *O longs désirs, ô espérances vaines* ........ 163
4 – *Depuis qu'Amour cruel empoisonna* ........ 164
5 – *Claire Vénus, qui erres par les cieux* ........ 164
7 – *On voit mourir toute chose animée* ........ 165
8 – *Je vis, je meurs : je me brûle et me noie* ........ 165
9 – *Tout aussitôt que je commence à prendre* ........ 166
10 – *Quand j'aperçois ton blond chef, couronné* ........ 166
11 – *O doux regards, ô yeux pleins de beauté* ........ 167
12 – *Luth, compagnon de ma calamité* ........ 167
13 – *Oh, si j'étais en ce beau sein ravie* ........ 168
14 – *Tant que mes yeux pourront larmes épandre* ........ 168
15 – *Pour le retour du Soleil honorer* ........ 169
17 – *Je fuis la ville et temples et tous lieux* ........ 169
18 – *Baise m'encor, rebaise-moi et baise* ........ 170
19 – *Diane, étant en l'épaisseur d'un bois* ........ 170
20 – *Prédit me fut que devais fermement* ........ 171
21 – *Quelle grandeur rend l'homme vénérable ?* ........ 171
22 – *Luisant Soleil, que tu es bienheureux* ........ 172
24 – *Ne reprenez, dames, si j'ai aimé* ........ 172

## PIERRE DE RONSARD

Présentation ........ 175

LES ODES, Livre I
Ode 10, Strophe I – *Errant par les champs de la Grâce* ........ 179
Ode 17, *Mignonne, allons voir si la rose* ........ 181
LES ODES, Livre III
Ode 25 – *Celui qui est mort aujourd'hui* ........ 182

LES AMOURS 1552-1553
20 – *Je voudrais bien, richement jaunissant* ..... 184
21 – *Qu'Amour mon cœur, qu'Amour mon âme sonde* ..... 184
34 – *Las ! je me plains de mille et mille et mille* ..... 185
35 – *Puisse advenir qu'une fois je me venge* ..... 185
36 – *Pour la douleur qu'Amour veut que je sente* ..... 186
87 – *Œil, qui portrait dedans les miens reposes* ..... 186
88 – *Si seulement l'image de la chose* ..... 187
89 – *Sous le cristal d'une argenteuse rive* ..... 187
90 – *Soit que son or se crêpe lentement* ..... 188
167 – *Je veux brûler, pour m'envoler aux cieux* ..... 188
168 – *Ce fol penser, pour s'envoler plus haut* ..... 189
Le Second Livre des HYMNES
Hymne de la philosophie ..... 190
Hymne de l'automne ..... 196
Hymne de la mort ..... 199
Le Second Livre des AMOURS
Première partie : AMOURS DE MARIE
19 – *Marie, levez-vous, ma jeune paresseuse* ..... 202
33 – *Sitôt qu'entre les bois tu as bu la rosée* ..... 202
44 – *Marie, baisez-moi ; non, ne me baisez pas* ..... 203
Seconde partie : SUR LA MORT DE MARIE
4 – *Comme on voit sur la branche, au mois de mai, la rose* ..... 204

DISCOURS DES MISÈRES DE CE TEMPS
Discours à la Reine ..... 205
A la reine Catherine de Médicis : *Madame, je serais ou du plomb ou du bois* ..... 208
Réponse aux injures et calomnies (le loup-garou protestant) ..... 212

LA FRANCIADE
I – *Et cependant les rudes matelots* ..... 215
II – *Incontinent maintes troupes de nues* ..... 216
Le premier Livre des SONNETS POUR HÉLÈNE
I – *Ce premier jour de mai, Hélène, je vous jure* ..... 219
36 – *Comme une belle fleur assise entre les fleurs* ..... 219
37 – *Doux dédains, douce amour d'artifice cachée* ..... 220
Le Second Livre des SONNETS POUR HÉLÈNE
13 – *Si vos yeux connaissaient leur divine puissance* ..... 221
14 – *Si de vos doux regards je ne vais me repaître* ..... 221
15 – *Je voyais, me couchant, s'éteindre une chandelle* ..... 222
22 – *Laisse de Pharaon la terre égyptienne* ..... 222
23 – *Ces longues nuits d'hiver où la lune ocieuse* ..... 223
24 – *Quand vous serez bien vieille, au soir à la chandelle* ..... 223
55 – *Je chantais ces sonnets, amoureux d'une Hélène* ..... 224

LES DERNIERS VERS : SONNETS
1 – *Je n'ai plus que les os, un squelette je semble* ..... 225
3 – *Donne-moi tes présents en ces jours que la brume* ..... 226
6 – *Il faut laisser maisons et vergers et jardins* ..... 227

## Rémy Belleau

Présentation ..... 229

PETITES INVENTIONS
Le papillon ..... 231
LA BERGERIE
Chanson *Comme la vigne tendre* ..... 234
LES AMOURS ET NOUVEAUX ÉCHANGES DE PIERRES PRÉCIEUSES
Le béryl ..... 239

## Étienne De La Boétie

Présentation ..... 241

VERS FRANÇAIS
SONNETS
II – *Je sais ton ferme cœur, je connais ta constance* ..... 243
VINGT-NEUF SONNETS
8 – *Quand viendra ce jour-là, que ton nom au vrai passe* ..... 244
9 – *O, entre tes beautés, que ta constance est belle !* ..... 245
12 – *Quoi ? qu'est-ce ? ô vents, ô nues, ô l'orage ?* ..... 246

## Jean-antoine De Baif

Présentation ..... 247

AMOURS DE MÉLINE, première partie
35 – *Mets-moi dessus la mer d'où le soleil se lève* ..... 249
AMOURS DE MÉLINE, deuxième partie
19 – *O doux plaisir, plein de doux pensement* ..... 250
AMOURS DE FRANCINE, quatrième partie
4 – *« Amour, que fait Francine ? a-t-elle souvenance »* ..... 251
LES JEUX, LES ÉGLOGUES
Églogue II – Brinon ..... 252

Églogue XVIII – Le Satyreau . . . . . 254
LES MIMES
*La lyre à l'âne, au porc la harpe* . . . . . 256

## Étienne Jodelle

Présentation . . . . . 257

ŒUVRES ET MÉLANGES POÉTIQUES
Ode d'Étienne Jodelle, Parisien, à Claude Colet, Champenois . . . . . 259
RECUEIL DES INSCRIPTIONS, FIGURES, DEVISES ET MASCARADES
Chapitre en faveur d'Orlande, excellent musicien . . . . . 261
CONTRE LES MINISTRES DE LA NOUVELLE OPINION
21 – *Je sais que mille écrits, l'apparence du vrai* . . . . . 263
AVERTISSEMENT DU PEUPLE DE PARIS AUX PAYSANS
2 – *Tenter par tous moyens de surprendre son roi* . . . . . 264
3 – *Mais Dieu qui tient en main la force et la grandeur* . . . . . 265
SONNETS
*Comme un qui s'est perdu en la forêt profonde* . . . . . 266
*Quelque lieu, quelque amour, quelque loi qui t'absente* . . . . . 266
*Quel désert, quel enfer, quelle guerre sanglante* . . . . . 267
*O traîtres vers, trop traîtres contre moi* . . . . . 267
*En quelle nuit, de ma lance d'ivoire* . . . . . 267

Glossaire . . . . . 271

Ont collaboré à
la Bibliothèque de Poésie :

Serge Baudiffier
Jean Breton
Marie-Claire du Cailar
Jean-Marc Debenedetti
Alain Masson
Pierre Perrin
Christian Robin
Joseph-Paul Schneider
Michel Stanesco

Ainsi que :
Bénédicte Ancart
Édith de Blic
Karsten Diettrich
Claude Gagnière
Marie-Françoise Labaume
Pascal Metzinger
Roger Michel
Brigitte Thomas

Ont participé à
la fabrication :

| | |
|---|---|
| *Composition* | Baskerville. Photocomposition Franc-Comtoise à Dole |
| *Papier* | Offset lys ivoiré. Papeterie de Pont Sainte-Maxence fourni par Malmenayde-Daguerre |
| *Impression* | Aubin Imprimeur à Poitiers |
| *Reliure* | Nouvelle Reliure Industrielle à Auxerre |
| *Toile* | Comtesse. Société Peyer |
| *Fers à dorer* | Michel Vincent |

*Aubin Imprimeur*
LIGUGÉ, POITIERS

Achevé d'imprimer en novembre 1991
N° d'édition 20520 / N° d'impression L 39000
Dépôt légal novembre 1991
Imprimé en France